O SINO

"O badalo do recomeço"

De Vinicius Trombini Martins

Sumário

SOBRE O AUTOR

Nascido e criado em Bauru, interior de São Paulo, Vinicius Trombini Martins é formado em Administração de empresas com pós-graduação em docência no  ensino superior, radialista e estudante de direito. Desde pequeno tem o gosto pela escrita e não se considera um bom leitor pelo fato de não ter o hábito de ler livros, entretanto vê em leituras mais dinâmicas como jornais, revistas, artigos e notícias espalhadas pela internet uma forma de compensar o seu desinteresse por obras mais elaboradas.

Como escritor, Vinicius lançou em 2015 a obra *"Pensamentos, Versos e Frases sobre a Insensatez do Amadurecimento"*, pela editora Perse onde traz algumas poesias e crônicas sobre assuntos dos mais variados gêneros. Já nesta obra, traz algumas histórias temperadas de sentimentos e experiências vividas na perspectiva de um sino que vivencia o dia a dia do tratamento oncológico de pacientes que se submetem a radioterapia onde narra situações que nos fazem refletir sobre as emoções que

"

envolvem as pessoas que vivem ou convivem com quem está em busca da remissão e cura do câncer.

REDES SOCIAIS

f @vinicius.trombini.7

👍 @frasessensatas

@viniciustrombini

✉ vinivinicius@gmail.com

DEDICATÓRIA

Dedico este livro a todos que acreditam que a leitura e a introspecção são partes essenciais dos caminhos que percorremos. Que veem nas palavras um refúgio e um conforto em momentos extremos da vida. Em especial, dedico-o a todas as pessoas que enfrentam tratamento oncológico e vivem na esperança da cura. Que estas páginas lhes tragam confiança, motivação e força para enfrentar o câncer com coragem e resiliência, pois acredite, não é um monstro de sete cabeças!

A todos os profissionais de saúde, em especial aos que se dedicam ao cuidado de pacientes oncológicos: médicos, técnicos de enfermagem, radiologistas e a todos os que, direta ou indiretamente, desempenham papéis essenciais neste processo.

Aos profissionais do setor de radioterapia do Hospital Unimed Bauru, que verdadeiramente são exemplos de empatia, dedicação, sensibilidade, amor, afeto e carinho. Aos igualmente dedicados profissionais do setor de quimioterapia do Hospital Estadual de Bauru, que são capazes de deixar os pacientes confortáveis e seguros durante os procedimentos do tratamento.

À Dra. Tatiana Taba Fuzisaki Nakandakare, médica radio-oncologista que demonstrou sensibilidade e empatia desde o início do tratamento da minha mãe. Sua sensibilidade e humanização no atendimento transmitiram uma confiança imensurável a mim e a minha mãe durante todo o tratamento radioterápico. Sua luz é algo divino e reconfortante. Sua forma de lidar com pacientes certamente advém de um dom de Deus.

Ao Dr. Marcelo Bernardini Antunes, que foi o primeiro profissional a tratar da minha mãe quando foi internada pela primeira vez. Apesar de poucas palavras, demonstrou ser uma pessoa sensível e atenciosa.

À Dra. Ana Cristina Xavier Neves, que também se mostrou uma profissional que, além de demonstrar nitidamente seu amor em cuidar de pessoas, consegue passar confiança e tranquilidade na serenidade de sua fala no trato de seus pacientes.

À enfermeira Bruna Bonilha, que também demonstrou uma sensibilidade impecável ao lidar com minha mãe, tratando-a como se fosse alguém de sua família.

À Dra. Deborah Maciel Cavalcanti Rosa, a quem eu, e principalmente minha mãe, temos um imenso apreço e gratidão por ser tão humana, afetuosa, carinhosa e sincera desde antes do diagnóstico até todo o tratamento. Trata-se de uma profissional que, além de ser altamente qualificada no que faz, se torna quase cúmplice de seus pacientes, sendo impossível não se apaixonar pelo seu jeito de ser como pessoa e profissional!

Este livro é uma homenagem à grandeza do trabalho que vocês realizam diariamente. Vocês não apenas tratam a doença, mas acolhem, apoiam e oferecem esperança em momentos de extrema vulnerabilidade. Seus compromissos, empatia e dedicação fazem a diferença na vida de cada paciente que cruza seus caminhos.

Que suas mãos curadoras continuem sendo instrumentos de força e suas presenças, fontes de luz para aqueles que enfrentam a batalha contra o câncer. A vocês, que transformam dor em resiliência e desespero em esperança, nossa eterna gratidão e reconhecimento.

Ao meu fiel amigo e irmão, José Augusto Júnior, cujo apoio inabalável foi fundamental para que eu alcançasse as conquistas que hoje celebro. Sua presença e incentivo foram e são inestimáveis.

Aos meus verdadeiros e poucos amigos, que me conhecem em minha essência e me aceitam com todos os meus defeitos e qualidades. Sua amizade é um tesouro raro e valioso.

À minha família, nas pessoas de minhas tias, avó, irmão e primos, que, mesmo tendo seus defeitos, assim como qualquer família tem, nos momentos difíceis como esse sempre se unem em prol de um bem maior, que é a ajuda mútua, cada qual dentro de suas limitações. Sou privilegiado por ter uma família que se ama de verdade.

À minha mãe, Lúcia, uma verdadeira guerreira que enfrentou a doença com leveza e responsabilidade. Foi um prazer indescritível cuidar dela em um momento tão delicado. Esse cuidado, embora jamais possa retribuir plenamente tudo o que ela fez por mim e como cuidou de mim na infância, é um gesto de carinho, afeto, amor e gratidão eterna. Senti-me realizado e feliz por viver esse momento ao seu lado; foi uma experiência transformadora cuidar de você.

A um presente que Deus me deu, Marina Fournier, que, através de suas atitudes, demonstrou o verdadeiro significado do amor nas mais simples circunstâncias da vida.

A todas as pessoas que hoje enfrentam ou convivem com alguém que enfrenta os desafios do tratamento oncológico, desafios que transformam profundamente nossas vidas. Espero que este livro possa, de alguma forma, trazer conforto e que, apesar das dificuldades, a fé, a resiliência, a força de vontade, o otimismo e a capacidade de superação prevaleçam sempre.

INTRODUÇÃO

No silêncio atemporal de uma sala de radioterapia, um sino solitário ecoa histórias de coragem, esperança e transformação. Este não é um sino comum; é um confidente mudo que testemunha a jornada de vida de cada pessoa que passa por ali, enfrentando a batalha contra o câncer. Em suas paredes, ecoam os suspiros de medo, os sorrisos de gratidão e os murmúrios de fé que permeiam o ambiente carregado de emoções.

Neste livro tocante, as páginas se desdobram em relatos comoventes e reflexões profundas sobre os sentimentos humanos mais intrínsecos. Através das histórias entrelaçadas de pacientes e seus entes queridos, somos levados a explorar o labirinto emocional que acompanha a luta contra a doença: o medo persistente, a insegurança dilacerante, a vaidade posta à prova, o otimismo resiliente e o pessimismo latente. Em meio a esse turbilhão de emoções, emerge a amizade reconfortante, a gratidão sincera, as manias e a fé inabalável que sustenta cada um durante o tratamento.

Ao longo das páginas, somos guiados por uma voz compassiva que nos lembra que não há motivo para temer o tratamento; que viver um dia de cada vez é mais significativo do que sucumbir ao medo do desconhecido. Descobrimos, junto com os personagens, que a doença nos ensina a valorizar as pequenas alegrias e as preciosas simplicidades da vida, antes tão facilmente negligenciadas.

"O Sino, o badalo do recomeço" não é apenas um testemunho das batalhas enfrentadas na sala de tratamento, mas um tributo à resiliência humana e à força que surge da união entre esperança e perseverança. Este livro não apenas narra histórias; ele oferece um olhar sensível sobre o que realmente importa quando enfrentamos os desafios mais difíceis da vida. Prepare-se para uma jornada emocional e inspiradora que ilumina as sombras da doença com a luz da compaixão e da redescoberta do sentido da vida.

APRESENTAÇÃO

Eu sou o sino. Talvez, à primeira vista, eu pareça um simples objeto pendurado em um canto da sala de espera de uma clínica de radioterapia. Mas, para muitos, eu represento muito mais do que isso. Sou o anunciador de esperança, o sinal de uma nova fase, o som que celebra a vitória de quem completou um ciclo de tratamento.

Ao longo da história, os sinos têm sido utilizados para marcar momentos significativos e anunciar eventos importantes. Em vilarejos, chamam as pessoas para celebrações e alertam sobre emergências. Em cerimônias, seu som ressoa para celebrar uniões, honrar partidas e marcar o início de novas fases. Nas bicicletas, alertam para abrir passagem; no pescoço das vacas, indicam sua localização para que não se percam; nas igrejas, anunciam os ritos litúrgicos; no Natal, marcam a presença do Papai Noel, e assim por diante. O som de um sino transcende palavras; ele tem o poder de reunir pessoas, criar uma pausa no tempo, simbolizar a transformação e a continuidade.

No contexto deste livro, tenho a honra de ser tocado no fim de cada ciclo de radioterapia por pacientes repletos de felicidade e superação, num ritual que simboliza a conclusão de uma etapa de tratamento. Esse toque é um momento de celebração, alívio e esperança renovada. Assim como na história, onde os sinos trazem notícias e anunciam mudanças, meu som aqui na clínica é um marco de coragem, luta, resiliência, vitória e esperança.

Reconheço o valor do meu som, pois para muitos, é um som que alimenta esperanças, anuncia o fim de uma etapa difícil e o começo de uma nova jornada. No entanto, não posso ignorar a dura realidade de que nem todos conseguem me tocar. Infelizmente, algumas pessoas acabam sucumbindo ao tratamento e sendo levadas pelo descanso eterno ou pela desistência da cura. Esses momentos são tristes e pesados, mas não posso me deixar abater porque minha tarefa é continuar firme; para aqueles que conseguem me tocar, meu som representa uma vitória que merece ser celebrada.

Quero compartilhar com vocês histórias que observei e vivenciei do meu ponto de vista, contando sobre os comportamentos das pessoas que passam por aqui. Sou tratado com muito carinho por todos. Em dias especiais, sou enfeitado e adornado. No Dia dos Namorados, colam adesivos de corações em mim. No Dia das Mães, sou cercado de rosas. Durante as festas juninas, ganho laços xadrezes, e no Natal, sou decorado com enfeites festivos. Esses pequenos gestos me fazem sentir parte das celebrações e das vidas das pessoas que passam por aqui. Sinto-me muito especial, assim como as pessoas que me tocam e cuidam de mim são.

Convido vocês a se juntarem a mim nesta jornada de observação e reflexão. Cada capítulo deste livro conta uma história diferente, uma nova perspectiva sobre a luta, a esperança e a resiliência humana.

O PRIMEIRO DIA

Meu primeiro dia na clínica foi uma experiência inesquecível. Saí da fábrica sem saber para onde iria, sem qualquer ideia do meu destino ou da minha finalidade. Fui cuidadosamente embalado e transportado, sentindo a excitação de uma nova jornada. Quando finalmente cheguei, fui instalado em uma parede próxima à máquina de café e à TV, em uma sala de recepção.

As primeiras impressões que tive do local foram reconfortantes. A sala tinha algumas cadeiras enfileiradas, era bem iluminada, com luz natural entrando pelas grandes janelas, criando um ambiente acolhedor. O piso brilhante e os móveis confortáveis davam uma sensação de tranquilidade e conforto. Logo percebi que este não era um lugar comum.

Observei o movimento das pessoas ao meu redor, trajadas de jalecos brancos, com pranchetas nas mãos, andando de um lado para o outro com propósito e cuidado. Eram profissionais da saúde, médicos e enfermeiros, cuidando de seus pacientes. Mesmo sem entender completamente minha função ali, senti que estava em um ambiente de importância e seriedade.

As pessoas que frequentavam o local tinham expressões variadas. Alguns rostos mostravam preocupação, outros exalavam esperança. Havia conversas sussurradas, risos ocasionais e momentos de silêncio profundo. Percebi que, embora estivesse em um lugar de tratamento médico, o ambiente era carregado de um tipo especial de energia, uma mistura de ansiedade e expectativa, mas também de força e determinação.

Enquanto observava tudo ao meu redor, comecei a entender que este local tinha um propósito maior. Não era apenas um lugar de tratamento, mas também um espaço onde vidas eram tocadas e transformadas. Essa percepção me fez sentir que eu não seria um sino qualquer. Minha presença ali tinha um significado e uma razão especial.

Somente no dia seguinte, finalmente soube qual seria minha finalidade. Ouvi que meu badalo seria tocado para celebrar a conclusão de ciclos de tratamento de radioterapia. Esse momento seria almejado por todos os pacientes que frequentavam a clínica, e meu som seria um símbolo de esperança, de vitória e de novas possibilidades e recomeço!

Fiquei imensamente feliz por saber que meu badalo teria um impacto tão positivo. A ideia de que meu som poderia trazer alegria e renovação de esperança para tantas pessoas me encheu de satisfação, pois eu seria o marco de uma etapa vencida, um sinal de que os pacientes estavam prontos para seguir em frente com suas vidas.

Refletindo sobre essa perspectiva, percebi o quanto era privilegiado em minha nova função. Ser um símbolo de esperança e de vitória é uma responsabilidade enorme, mas também um prazer indescritível. Saber que meu badalo poderia iluminar o dia de alguém, trazer alívio e celebração, fez-me entender a verdadeira importância do meu papel.

Cada dia, ao observar as pessoas na sala de recepção, sinto a energia e a esperança que me rodeiam. Assim, iniciei minha jornada cuja finalidade era virar a chave para uma nova fase de esperança e celebração, capaz de trazer um pouco mais de luz e esperança para todos que passam por aqui.

DIVERSIDADE NA SALA DE ESPERA

Ao longo dos dias, percebi que aqui se encontra uma verdadeira amostra da diversidade humana. Pessoas de todos os tipos e gêneros, com histórias, culturas e origens diferentes, reunidas por um motivo comum: a cura.

Havia jovens e idosos, homens e mulheres, pessoas de todas as raças, idades e etnias. Alguns vinham sozinhos, outros acompanhados por familiares e amigos. Os estilos variavam: desde aqueles vestidos com roupas formais até os que preferiam a informalidade e o conforto. Entre eles, não havia distinção de classe social; o câncer não faz acepção de pessoas.

Essa diversidade me impressionava. A cada dia, novos rostos surgiam, cada um com sua própria história e jornada. E, apesar das diferenças visíveis, todos tinham algo em comum: o desafio de enfrentar o câncer em suas diferentes formas e variações. Essa doença, impiedosa e indiscriminada, não escolhe suas vítimas. Pode atingir qualquer um, em qualquer momento, independente de seu passado, suas posses ou suas conquistas.

Nas conversas que ouvia na sala de recepção e espera, captava fragmentos de histórias de vidas interrompidas e de lutas diárias. A ansiedade de uma mãe enquanto seu filho pequeno passava por uma sessão, o olhar resoluto de um jovem determinado a vencer a doença, o apoio silencioso de um marido à sua esposa. Cada história, única e poderosa, contribuía para o mosaico humano que se formava ali.

Apesar das diferenças pessoais, o ambiente na sala de espera era surpreendentemente acolhedor. Havia uma empatia silenciosa entre todos. Pessoas que nunca se conheceram antes trocavam sorrisos de encorajamento, palavras de apoio e até mesmo abraços. As barreiras habituais da sociedade pareciam desaparecer diante do desafio comum que todos enfrentavam.

Essa convivência me ensinou uma lição importante sobre a fragilidade e a força da vida. O câncer é uma prova de que somos todos vulneráveis, que a saúde é um bem precioso que devemos valorizar. Mas, ao mesmo tempo, também mostra a capacidade humana de se unir, de apoiar uns aos outros e de encontrar força nas adversidades.

Para você, leitor, que pode estar passando por essa jornada, seja como paciente ou como acompanhante, quero deixar uma mensagem de conforto e esperança. Você não está sozinho. Aqui, na diversidade de rostos e histórias, encontra-se uma comunidade de luta e resiliência. Cada sorriso compartilhado, cada palavra de apoio, é um lembrete de que a união e a empatia podem fazer a diferença.

Enfrentar o câncer é uma batalha árdua, mas a presença de outras pessoas, cada uma com suas próprias batalhas, pode ser uma fonte de força. Aqui, na sala de espera, não importa sua origem, sua raça, seu estilo ou suas posses. O que importa é a coragem de continuar, de lutar e de acreditar na esperança que cada novo dia traz. E acredite, tudo o que você busca, você é capaz de conseguir!

LAÇOS DE ESPERANÇA

Como sino observador, eu percebia mais do que rostos cansados e corpos em recuperação naquela sala de espera, pois conseguia enxergar almas se conectando capaz de formarem laços profundos de amizade em um ambiente onde a dor e a esperança coexistiam. Desde minha posição privilegiada, testemunhei o florescimento de vínculos que, em muitos casos, eram nítidos que durariam para sempre.

A sala de espera era um microcosmo onde a essência da amizade se manifestava de maneira pura e genuína. Pessoas de diferentes idades, origens e histórias de vida se encontravam ali, unidas por uma experiência comum: a luta contra o câncer. Não importava se a doença se manifestava de formas e em lugares diferentes em cada um, seu grau de agressividade ou seu estágio, pois o inimigo era o mesmo e a batalha, compartilhada.

O que mais me impressionava era a rapidez com que esses laços se formavam. Em poucos dias de convivência, as pessoas ali presentes se tornavam verdadeiras companheiras de jornada. O ambiente, apesar de ser um centro de tratamento, se transformava em um espaço de apoio mútuo e solidariedade. A idosa que não podia levantar-se para pegar água, oferecia suas sábias palavras de conforto e encorajamento aos mais jovens. Em troca, os mais novos, cheios de energia e disposição, cuidavam dos mais velhos, trazendo-lhes água ou simplesmente oferecendo um sorriso.

Eu via como essas trocas fortaleciam o espírito de todos ali. A jovem mãe, exausta e preocupada com o futuro de seus filhos, encontrava consolo nas palavras de uma outra mãe, que já havia passado por situações semelhantes. O empresário de meia-idade, inicialmente fechado em sua dor, abria-se ao ouvir as histórias de superação de outros pacientes, percebendo que ele não estava sozinho nessa batalha.

A empatia era palpável. Vi a maneira como as pessoas verdadeiramente escutavam umas às outras. O jovem estudante de medicina, que estava em tratamento, compartilhava seus conhecimentos e ouvia com atenção as experiências de uma mulher que trabalhava como professora há décadas. A troca era mútua: ele oferecia conhecimento técnico e esperança baseada na ciência, ela oferecia sabedoria de vida e resiliência.

Esses laços de amizade não apenas aliviavam o peso da doença, mas também davam forças para continuar. A cumplicidade entre os pacientes era visível nos olhares de encorajamento e nos sorrisos de apoio. Não era incomum ver um paciente recém-chegado ser acolhido por outros, que prontamente lhe ofereciam conselhos e palavras de conforto.

A sinceridade desses vínculos era inspiradora. Não havia espaço para superficialidades ou falsas cortesias; a gravidade da situação trazia à tona o que havia de mais genuíno em cada um. Vi pessoas abrirem seus corações, compartilhando seus medos mais profundos e suas esperanças mais sinceras. Essas conversas muitas vezes aconteciam em voz baixa, em um canto da sala, mas sua intensidade era inegável.

Eu aprendi muito ao observar essas interações. A importância da empatia, da capacidade de se colocar no lugar do outro e oferecer apoio sem julgamentos, se tornou clara para mim. A cumplicidade, a sensação de estar unido em uma batalha comum, era um poderoso antídoto contra o desespero. A sinceridade, a habilidade de falar e ouvir verdades com gentileza, criava um ambiente onde todos se sentiam valorizados e compreendidos. E, acima de tudo, a união, a força que surgia quando todos se juntavam para enfrentar um desafio maior do que eles mesmos.

Minhas observações diárias presenciava um espetáculo de contrastes e complementos e era fascinante ver como pessoas com personalidades e características tão distintas se uniam em um ambiente onde a adversidade exigia a melhor versão de cada um. Havia ali uma magia sutil, um equilíbrio harmonioso que se formava naturalmente entre os otimistas e os pessimistas, os extrovertidos e os tímidos, e muitos outros opostos que se atraíam e se apoiavam mutuamente.

Os otimistas, sempre de sorriso aberto e palavras encorajadoras, tinham um papel especial, pois eram eles que, com sua luz interior, iluminavam os dias mais sombrios dos inseguros e pessimistas. Lembro-me de uma mulher chamada Ana, cuja positividade era contagiante. Ela costumava sentar ao lado de pessoas que pareciam perdidas em seus próprios medos e iniciava conversas leves, falava sobre suas próprias lutas e vitórias, e sem perceber, transmitia uma confiança tranquila aos que estavam à sua volta. Seus gestos simples, como segurar a mão de alguém ou oferecer um abraço reconfortante, faziam uma diferença enorme. Era impossível não se sentir um pouco mais esperançoso depois de uma conversa com ela.

Os extrovertidos, com seu charme e facilidade em se conectar com os outros, também desempenhavam um papel vital. João, um jovem cheio de vida e entusiasmo, era conhecido por sua habilidade de fazer amigos em qualquer lugar. Ele percebia rapidamente quem eram os mais tímidos e se aproximava com naturalidade. Em poucos minutos, ele conseguia fazer até mesmo os mais reservados sorrirem e se abrirem. Lembro-me de uma tarde em que ele conseguiu convencer um grupo de pessoas a participar de uma brincadeira simples para passar o tempo. A sala, que antes estava silenciosa e tensa, se encheu de risadas e conversas animadas. João mostrava que, mesmo em momentos difíceis, a alegria e a descontração tinham seu lugar.

Havia também aqueles cuja força física contrastava com a fragilidade dos outros. Pedro, um homem robusto e forte, não hesitava em ajudar os que tinham dificuldade de locomoção. Ele era um verdadeiro pilar de apoio, sempre pronto para oferecer seu braço ou ombro. Em contrapartida, as pessoas mais frágeis fisicamente, mas com uma força emocional impressionante, ofereciam a Pedro um apoio diferente, mas igualmente valioso. Com suas palavras sábias e conselhos ponderados, elas o ajudavam a manter o equilíbrio emocional necessário para enfrentar sua própria luta.

As diferenças culturais também eram um ponto de união e aprendizado. Na sala de espera, pessoas de diversas origens compartilhavam suas histórias e tradições. A cooperação e a ajuda mútua eram visíveis em cada canto daquela sala. O jovem aprendia com o idoso, o paciente veterano encorajava o recém-chegado, e assim se formava uma rede de apoio que transcendia as diferenças individuais. Cada gesto de ajuda, cada palavra de conforto, criava um ambiente de solidariedade que fazia com que todos se sentissem menos sozinhos em sua jornada.

Ao observar essas interações, aprendi uma valiosa lição sobre a natureza humana. Vi que, independentemente das circunstâncias, as pessoas têm uma incrível capacidade de se apoiar e se ajudar mutuamente. A doença, com toda sua dureza, se tornava um catalisador para revelar o que havia de melhor em cada um. E essa ajuda mútua, esse cuidar uns dos outros, era um reflexo da essência mais pura da humanidade.

Essa experiência me ensinou que a vida é um constante entrelaçar de histórias e que, por mais diferentes que sejamos, todos temos algo a oferecer e a aprender uns com os outros. No fim das contas, é essa troca, essa colaboração, que nos fortalece e nos ajuda a enfrentar qualquer desafio que a vida nos impõe. A empatia, a compaixão e a solidariedade são forças poderosas que, quando cultivadas, podem transformar não apenas o ambiente ao nosso redor, mas também a nossa própria existência.

Aliás, nesses momentos de troca e apoio mútuo, a sala de espera deixava de ser apenas um local de tratamento para se transformar em um verdadeiro refúgio de humanidade. O peso da doença era aliviado pela leveza da amizade, e a esperança florescia, fortalecida pelos laços criados ali. E assim, dia após dia, eu aprendia sobre a beleza das conexões humanas e o poder transformador da solidariedade.

A FÉ QUE UNE

Naquela sala de espera, também notava uma diversidade de credos e crenças que se uniam em um objetivo comum: a busca pela cura e a esperança de dias melhores. Era uma visão comovente ver pessoas de diferentes religiões e espiritualidades encontrarem um ponto de convergência em meio à adversidade. Cada um carregava consigo a força de sua fé, e essa fé, embora expressa de maneiras variadas, tinha um poder unificador.

Havia católicos que, com seus terços nas mãos, murmuravam Ave Marias e Pai Nossos. Protestantes que liam em voz baixa trechos da Bíblia, buscando conforto nas palavras sagradas. Muçulmanos que, em momentos de silêncio, inclinavam-se em direção a Meca, proferindo suas preces. Judeus que balbuciavam salmos e fragmentos do Torá. Espíritas que enviavam pensamentos positivos e energias de cura para todos ao seu redor. Cada um, à sua maneira, buscava uma conexão com o divino, com algo maior que si mesmo, na esperança de encontrar força e consolo.

Entre eles, havia também aqueles que resistiam a abrir mão de suas convicções dogmáticas. Pessoas que, firmes em suas crenças exclusivas, fechavam-se em suas verdades e se mantinham alheios às manifestações de fé dos outros. No entanto, a maioria conseguia transcender essas barreiras e reconhecia a beleza na fé alheia. Em vários momentos, vi pacientes e acompanhantes de diferentes religiões fechando os olhos juntos, fazendo orações e rezas cada qual para seu Deus, unindo suas esperanças em um coro silencioso de súplica e gratidão.

Era como se, diante da fragilidade da condição humana, todos compreendessem que, independentemente do nome dado ao seu Deus, todos compartilhavam a mesma essência. A fé se tornava uma linguagem universal, uma ponte que ligava corações e almas em um mesmo propósito. Aquele ambiente, muitas vezes carregado de tensão e incertezas, se transformava em um santuário de paz e solidariedade.

Em meio a tantas expressões de fé, vi que a intolerância religiosa se tornava algo trivial e sem sentido. Na luta contra a doença, as diferenças religiosas perdiam importância, e o que realmente importava era o amor, o respeito e a compaixão pelo próximo. A diversidade de credos se transformava em um rico mosaico de espiritualidade, onde cada peça contribuía para formar um quadro de esperança e cura.

Aprendi que a fé, independentemente de sua forma, é uma força poderosa que pode nos sustentar nos momentos mais difíceis. Vi que, quando permitimos que o respeito e a compreensão floresçam, somos capazes de construir um mundo mais harmonioso e empático. A intolerância religiosa, com suas divisões e preconceitos, não tem lugar em um ambiente onde a vida e a saúde são tão precárias.

Este convívio de diferentes credos que pude testemunhar me ensinou que todos somos especiais, viemos e voltamos do mesmo lugar, e que a fé, em qualquer de suas formas, é um elo que nos une em nossa humanidade comum. Ao final do dia, o que realmente importa é o amor que compartilhamos, a compaixão que oferecemos e a esperança que mantemos viva em nossos corações. Isso porque, independente da nossa crença, no final, todos vamos ao mesmo lugar...

A DISTÂNCIA DO TRATAMENTO

Seu Alfredo era um homem de aproximadamente 65 anos, com cabelos grisalhos e um sorriso no rosto que morava do em outra cidade, e seu compromisso com o tratamento era notável. Ele era conhecido por seus horários imprevisíveis – ora chegava muito adiantado, ora muito atrasado. Isso acontecia porque ele dependia do transporte intermunicipal para ir e voltar da clínica. Quando o ônibus vinha cheio, parava em mais cidades, quando não, o percurso era mais rápido.

Seu Alfredo preferia pegar o ônibus, apesar das dificuldades que isso implicava, pois dizia que esperar a ambulância o deixava muito tempo ocioso, já que ela precisava passar em vários lugares para recolher outros pacientes. Além disso, ele gostava de ter controle sobre seu tempo, pois tinha uma pequena oficina de marcenaria em casa, onde consertava móveis e criava pequenas peças artesanais. Esse trabalho, além de ser uma paixão, ajudava a complementar sua renda e o mantinha ocupado, com a mente longe das preocupações.

Numa dessas manhãs, Alfredo chegou muito cedo à clínica se acomodando em uma das cadeiras perto da parede, com um livro nas mãos. Era uma leitura sobre técnicas de marcenaria, algo que ele adorava e que o fazia esquecer, mesmo que por um momento, da batalha que travava contra o câncer. Alfredo tinha o hábito de conversar com todos, e sua bondade transparecia em cada palavra.

— Bom dia, Seu Alfredo! — disse Dona Marlene, uma das recepcionistas simpáticas. — O senhor chegou cedo hoje.

— Bom dia, minha filha. Pois é, consegui pegar o ônibus sem muitos passageiros hoje. Aproveitei para trazer um livro que gosto muito.

Durante a espera, Alfredo reparou em uma senhora que parecia perdida e ansiosa e se aproximou com sua voz calma e gentil, perguntanso se podia ajudar. Descobriu que era a primeira vez dela na clínica e que estava nervosa com o tratamento. Alfredo a acompanhou até a recepção, explicou o procedimento e a acalmou com suas palavras de experiência e conforto.

Quando Alfredo finalmente foi chamado para seu tratamento, ele deixou a senhora mais tranquila, já confiante do que estava por vir. Sua benevolência era contagiante, e todos ali sabiam que podiam contar com ele para uma palavra amiga ou um gesto de bondade.

Depois de mais uma sessão, Alfredo voltou à sala de espera. Desta vez, ele pegou seu celular e começou a mostrar fotos de seus trabalhos em marcenaria para outros pacientes. Ele contava histórias sobre cada peça, explicando os detalhes e as técnicas usadas. A sala se enchia de risos e curiosidade, transformando um ambiente de ansiedade em um espaço de aprendizado e diversão.

Uma tarde, quando estava saindo da clínica, Alfredo olhou para mim, o sino, com um brilho nos olhos.

— Ainda não chegou minha vez de te tocar, mas cada dia estou mais perto. Esse som será um marco para mim, e sei que vai valer a pena toda essa jornada.

Refletindo sobre a história de Seu Alfredo, percebo a importância das distâncias que muitos pacientes precisam percorrer para receber tratamento. A vida muitas vezes nos desafia com longas viagens e obstáculos, mas a determinação e a força de vontade podem superar qualquer barreira. Alfredo, com seu coração generoso e espírito incansável, nos ensina que mesmo nas dificuldades, podemos encontrar maneiras de ajudar os outros e seguir em frente com esperança.

A dedicação de Alfredo ao pegar o ônibus, sua escolha pela praticidade e seu amor pela marcenaria mostram que, mesmo nas adversidades, podemos encontrar soluções que nos mantenham ativos e produtivos. A jornada pode ser longa, mas a cada passo dado, estamos mais perto de alcançar nossos objetivos e, eventualmente, tocar o sino da vitória.

O PRIMEIRO BADALO

Lembro-me claramente do dia em que fui tocado pela primeira vez. A emoção no ar era palpável, e eu estava prestes a cumprir minha missão pela primeira vez, anunciando o fim do tratamento de um paciente. Mas o que tornou aquele momento verdadeiramente especial foi o fato de que o paciente era uma criança.

Seu nome era Pedro, um menino de apenas oito anos, cuja doçura e coragem haviam conquistado o coração de todos na clínica. Ao seu lado, sempre estava seu irmão mais velho, Lucas, de doze anos, que era uma presença constante, segurando a mão d o irmão, contando histórias e brincando com ele, mesmo nos momentos mais difíceis.

Pedro era uma criança com uma luz especial. Seus olhos brilhavam com a inocência e a esperança de alguém que ainda não conhecia completamente as durezas da vida. Durante seu tratamento, ele mostrava uma força que muitas vezes parecia maior do que sua pequena estatura. Os dias eram difíceis, mas ele enfrentava cada um com um sorriso e uma determinação que inspirava todos ao seu redor.

No dia de sua última sessão, a clínica estava em clima de celebração, como sempre ficavam quando um tratamento era finalizado. Os médicos, enfermeiros e até outros pacientes sempre ficavam ansiosos para aquele momento. Quando Pedro saiu da sala de tratamento pela última vez, segurando a mão de seu irmão, todos se reuniram na sala de espera e os olhos de Pedro brilhavam de emoção, e Lucas, com um sorriso orgulhoso, o conduziu até mim.

Com a mãozinha trêmula, mas determinada, Pedro puxou a corda e fez meu badalo soar pela primeira vez. O som que ecoou pela sala era mais do que apenas uma nota de metal; era um anúncio de vitória, esperança e um novo começo. Todos aplaudiram e alguns choraram de alegria. Pedro, em sua pureza infantil, havia superado um desafio imenso, e aquele som era a confirmação de que ele tinha uma nova chance de viver plenamente sua infância.

Eu, me sentia feliz e honrado, pois naquele momento compreendi o verdadeiro significado da minha existência. Anunciar o fim do tratamento de Pedro significava muito mais do que um simples som, pois se tratava de um símbolo de superação e esperança. A vida, com todas as suas incertezas e desafios, dava a Pedro a oportunidade de recomeçar, de continuar sua jornada, que, pela ordem natural das coisas, mal tinha começado.

Lucas abraçou Pedro, e os dois compartilharam um momento de cumplicidade que tocou a todos. Seus pais, emocionados, mergulharam naquele abraço de alivio acompanhado pelas pessoas que ali presenciavam aquela fase superada. Aquela cena era um lembrete poderoso de que, mesmo nas situações mais difíceis, o amor e a esperança podem nos guiar e nos dar força para seguir em frente. As pessoas na sala sentiam-se inspiradas, não apenas pelo triunfo de Pedro, mas pela promessa de que a vida oferece inúmeras oportunidades de recomeçar, independentemente de como os desafios se apresentam.

Para todos aqueles que têm uma criança próxima passando por uma situação semelhante, que essa história seja um farol de esperança. Assim como Pedro, há sempre a possibilidade de um novo começo, pois a vida com seu ciclo constante de desafios e vitórias, nos dá a chance de reconstruir e recomeçar. E enquanto houver esperança e amor, há sempre uma oportunidade para superar e florescer novamente.

A CORAGEM DE AUGUSTO E LOURDES

Augusto e Lourdes eram presenças constantes na sala de espera da clínica. Augusto, um senhor de aproximadamente 60 anos, cabelos grisalhos que refletiam sua jornada de vida, sempre chegava um pouco tenso, com um olhar que revelava seu medo do tratamento e suas consequências. Ao seu lado, Lourdes, sua esposa, poucos anos mais nova, irradiava uma serenidade e uma força silenciosa.

A cumplicidade entre ambos era evidente para todos que os observavam. Nas idas e vindas à clínica, Lourdes segurava firme a mão de Augusto, oferecendo-lhe conforto e apoio incondicional. Em cada olhar trocado entre eles, podia-se ler a história de uma vida compartilhada, de amor e de uma parceria que se fortalecia diante dos desafios.

Observando-os, refleti sobre a importância de enfrentar os medos que surgem no caminho do tratamento. O medo do desconhecido, das incertezas que acompanham qualquer jornada de saúde, era palpável em Augusto. Mas também percebi que, ao lado de Lourdes, ele encontrava uma coragem que talvez não soubesse que possuía. O amor e a confiança entre eles eram uma âncora em meio às tempestades da doença.

Em um dos dias mais difíceis, enquanto esperavam pela consulta, vi Lourdes sussurrar palavras de encorajamento a Augusto que não consegui escutar. Ela o abraçou com ternura, transmitindo-lhe uma força que parecia dissipar parte do medo que o consumia. Isso se repetia em alguns dias e Augusto sempre olhava no fundo dos olhos de Lourdes com gratidão e determinação renovada. Era nítido que apesar de continuar com seu medo, Augusto se sentia mais confiante.

Para mim, que testemunha tantas histórias, Augusto e Lourdes ensinaram uma lição valiosa sobre a importância de enfrentar os medos juntos. O tempo que passaram juntos, os anos de vida compartilhada, eram uma fonte de força que os sustentava nos momentos difíceis. A experiência de vida deles, suas rugas marcadas pelo tempo, eram um testemunho de que a coragem pode ser encontrada mesmo nas circunstâncias mais desafiadoras.

Ao acompanhar o casal, vi que a idade não é apenas um número, mas uma coleção de histórias de vida, de aprendizados e de sabedoria. Eles mostraram que o amor e a determinação podem superar qualquer obstáculo, mesmo quando o futuro parece incerto.

Nos momentos antes de Augusto entrar para mais uma sessão de tratamento, Lourdes retirava um terço do bolso e começava a rezar silenciosamente. Suas mãos tremiam levemente, mas sua expressão era de fé inabalável. Ela encontrava na oração uma forma de buscar conforto e esperança, não apenas para si mesma, mas também para seu marido.

Observando Lourdes, refleti sobre a importância que a fé tem em momentos de adversidade. A fé não é apenas uma crença; é uma fonte de consolo e força interior. Em meio ao desconhecido e ao medo do tratamento, Lourdes encontrava uma ancoragem na sua fé, uma conexão com algo maior que a sustentava nos momentos difíceis.

A presença de Lourdes e seu gesto de fé eram um lembrete poderoso dos resultados positivos que a fé pode trazer. Não apenas em termos espirituais, mas também em termos emocionais e psicológicos. A confiança em algo maior proporcionava uma sensação de paz e esperança que transcendia as circunstâncias difíceis em que se encontravam.

Para todos os que enfrentam jornadas semelhantes, a história daquele casal me parecia oferecer um lembrete importante: a fé pode ser uma aliada poderosa na busca pela cura e pelo conforto interior.

A FORÇA DE APARECIDA

Aparecida era uma mulher simples, de vestes desgastadas que demonstravam sua condição de pobreza. Ela sempre chegava cansada e, antes de qualquer coisa, ia direto beber água na pequena copa ao lado. Seu boné de uma loja de construção escondia a falta de cabelos, uma marca da batalha que travava contra o câncer, provavelmente após sessões de quimioterapia.

Apesar das dificuldades evidentes, Aparecida não se deixava abater. Ela enfrentava cada dia com uma determinação silenciosa, um exemplo de resistência diante das adversidades que o tratamento lhe impunha. Em uma das vezes que a ouvi conversando com outro paciente, soube que ela era catadora de recicláveis. Dependia desse trabalho árduo para sustentar a si mesma e ao seu filho de 18 anos, que sonhava em se tornar médico.

O filho de Aparecida, recém-formado do ensino médio e cheio de sonhos, não podia acompanhá-la nas sessões porque precisava ajudá-la na coleta de recicláveis nas ruas, pois do contrário, não teriam meios para colocar comida na mesa. Talvez por isso ela sempre pedia permissão para levar uns pedaços de bolacha que havia numa cumbuca ao lado da cafeteira. Ela sempre tomava o cuidado de embalar em um pedaço de guardanapo provavelmente para dividir com seu filho. Era nítido que a batalha da Dona Cida, como era chamada pelas pessoas, não era só contra o câncer, mas também sua luta pela sobrevivência e pela realização dos sonhos de seu filho.

A condição de pobreza da Dona Cida não apenas a colocava diante dos desafios do tratamento médico, mas também acrescentava uma camada extra de dificuldade em sua jornada de sobrevivência. Enquanto muitos enfrentam o câncer com o suporte financeiro e familiar, ela enfrentava essa batalha com recursos limitados, dependendo de seu próprio esforço e da ajuda de seu filho para seguir em frente. Contudo, apesar de todas as adversidades, a presença dela na clínica era um testemunho de força de vontade e fé que objetivava não só a sua cura, mas na possibilidade construir um futuro melhor para seu filho.

Para aqueles que enfrentam desafios semelhantes, a história de Aparecida oferece uma palavra de conforto. Independentemente das dificuldades que enfrentamos, temos de ter em mente nossa determinação e força interior podem superar até mesmo os obstáculos mais difíceis.

O OTIMISMO DE LÚCIA

Lúcia era uma presença luminosa na sala de espera da clínica. Apesar de sua condição física demonstrar que estava em um estágio avançado da doença, seu rosto irradiava um otimismo contagiante que inspirava a todos ao seu redor. Ela não vinha acompanhada de ninguém, mas sempre trazia consigo uma energia positiva que preenchia o ambiente.

Seu sorriso era acolhedor e suas palavras eram sempre de encorajamento para os outros pacientes. Mesmo nos dias mais difíceis, quando seu corpo parecia frágil diante dos tratamentos intensos, Lúcia mantinha uma postura serena e cheia de esperança. Ela acreditava profundamente na possibilidade de cura e no poder da mente sobre o corpo.

Em uma das vezes que a vi, Lúcia estava sentada em uma das poltronas da sala de espera, folheando uma revista antiga. Seus cabelos estavam rarefeitos devido ao tratamento, mas seu olhar brilhava com uma determinação que não se abalava. Ela conversava com outros pacientes, compartilhando histórias de superação e incentivando todos a manterem o ânimo.

Ao observá-la, refleti sobre a incrível capacidade que temos de enfrentar as adversidades com leveza, mesmo quando tudo ao nosso redor parece difícil. O otimismo de Lúcia não era apenas uma atitude superficial; era uma escolha consciente de como ela queria viver cada momento de sua jornada. Sua fé na cura e sua esperança constante eram uma fonte de inspiração para todos que a conheciam.

Lúcia ensinou uma importante lição sobre a importância do otimismo em momentos desafiadores. Enquanto enfrentava o tratamento, ela mostrava que a leveza de espírito e a positividade podem transformar a experiência da doença. Seu sorriso não apenas iluminava a sala de espera, mas também iluminava os corações daqueles que estavam ao seu redor.

Para aqueles que enfrentam suas próprias batalhas contra o câncer ou qualquer outra doença, a história de Lúcia é um lembrete poderoso. Mesmo nos momentos mais sombrios, encontrar um motivo para sorrir e manter a esperança pode fazer toda a diferença. A mente e o espírito têm um papel fundamental na jornada da cura, e o otimismo pode ser um aliado valioso nessa jornada.

O IMPACTO DAS ATITUDES NO AMBIENTE DE TRABALHO

Na clínica de radioterapia, havia um contraste evidente entre as equipes que trabalhavam na recepção e na limpeza. Enquanto as duas mulheres responsáveis pela limpeza, Sônia e Vera, eram conhecidas por suas conversas negativas e críticas constantes ao ambiente de trabalho, as três recepcionistas, Renata, Carla e Fernando, irradiavam simpatia e dedicação em suas funções.

Sônia e Vera eram colegas de longa data na clínica. Sempre que estavam juntas, era possível ouvi-las comentando sobre os mínimos detalhes que não estavam de acordo com suas expectativas. Desde a limpeza dos corredores até a organização dos materiais, elas encontravam algo para reclamar. Apesar dos esforços da equipe médica em manter um ambiente acolhedor, as críticas constantes de Sônia e Vera criavam uma aura de negatividade ao seu redor.

Do outro lado, Renata, Carla e Fernando recebiam os pacientes com um sorriso caloroso e palavras gentis. Elas se sentiam realizadas por poder ajudar os pacientes em um momento tão delicado de suas vidas. Renata, a mais experiente, sempre tinha uma palavra reconfortante para cada paciente que passava pela recepção. Carla, a mais jovem, era energética e sempre disposta a ajudar. Fernando, um homem tranquilo e atencioso, fazia questão de lembrar os nomes dos pacientes para criar um ambiente mais pessoal e acolhedor.

A diferença no comportamento das duas equipes não passava despercebida pelos pacientes. Enquanto Sônia e Vera eram vistas pelos pacientes como pessoas que tornavam o ambiente mais pesado, Renata, Carla e Fernando eram percebidos como verdadeiros anjos da guarda, trazendo um pouco de leveza e esperança a cada encontro.

Refletindo sobre essas diferentes atitudes, fica claro como o comportamento das pessoas que trabalham em um ambiente de saúde pode influenciar diretamente a experiência dos pacientes. A negatividade de Sônia e Vera contrastava com a positividade e empatia de Renata, Carla e Fernando. O cuidado e a gentileza destes últimos não apenas facilitavam o dia a dia na clínica, mas também contribuíam significativamente para o bem-estar emocional dos pacientes e acompanhantes.

Para todos os profissionais de saúde, seja na limpeza, na recepção ou no atendimento direto aos pacientes, a história da clínica de radioterapia oferece uma lição importante: cada interação pode fazer uma diferença significativa na jornada dos que buscam cuidados médicos. Escolher ser um raio de sol na vida de alguém, mesmo nos momentos difíceis, pode ser tão crucial quanto qualquer tratamento médico.

No mundo, encontramos pessoas que encaram suas responsabilidades e funções com diferentes perspectivas. Há aqueles que, como Sônia e Vera na clínica, tendem a focar nos aspectos negativos e reclamar constantemente, criando um ambiente carregado de críticas. Por outro lado, indivíduos como Renata, Carla e Fernando demonstram que é possível abraçar suas funções com otimismo e dedicação, transformando não apenas o ambiente ao seu redor, mas também suas próprias vidas. Essas atitudes não apenas melhoram o clima de trabalho, mas também refletem uma escolha consciente de viver com gratidão e positividade, impactando positivamente todos aqueles que cruzam seus caminhos.

O SILÊNCIO DE MARIA

Na sala de espera, o ambiente era sempre um misto de ansiedade e esperança. Naquela manhã, Maria chegou com seu pai, João, um homem de olhar cansado, mas determinado. Maria, sempre sorridente e animada, tinha o hábito de conversar ao telefone enquanto aguardava seu pai terminar a sessão de radioterapia. Seus risos eram contagiantes, e sua energia parecia iluminar a sala de espera.

Mas hoje, algo estava diferente. Maria entrou cabisbaixa, com os olhos fixos no chão. Sentou-se em sua cadeira habitual, mas ao invés de pegar o telefone e começar a conversar, permaneceu em silêncio. Seu olhar estava distante, perdido em pensamentos que ninguém ali poderia decifrar.

Como um sino, eu não posso falar, mas posso observar e refletir. E naquele momento, eu me perguntava o que teria acontecido para que o sorriso de Maria desaparecesse. Será que ela tinha recebido alguma notícia ruim? Ou talvez estivesse preocupada com a saúde de seu pai? As hipóteses se formavam em minha mente, cada uma trazendo uma possibilidade diferente.

O silêncio de Maria era um lembrete poderoso de que, às vezes, as pessoas carregam fardos invisíveis. Seu silêncio, naquele dia, falou mais alto do que qualquer palavra. Às vezes, o silêncio é uma pausa necessária para refletir, para sentir e para encontrar força.

Os outros pacientes e acompanhantes notaram a mudança em Maria. Alguns olhares preocupados se dirigiam a ela, mas ninguém sabia como abordar o assunto. A sala de espera, geralmente cheia de murmúrios e conversas, ficou mais quieta, respeitando aquele momento de introspecção.

Enquanto observava Maria, lembrei-me de todas as vezes que ouvi a equipe médica ler frases de incentivo e celebrar o término de um ciclo de tratamento. Aquelas palavras eram sempre cheias de esperança, mas também reconheciam a dificuldade da jornada. Talvez, naquele momento, Maria precisasse de um pouco dessa esperança, mesmo sem terminar um ciclo.

Às vezes, o que as pessoas mais precisam é de um momento de silêncio para refletir sobre suas lutas internas. E, às vezes, um simples gesto de compreensão pode fazer toda a diferença. Naquele dia, o silêncio de Maria me ensinou que, mesmo nos momentos de maior tristeza, há espaço para a esperança e para a força que vem de dentro.

Contudo, para minha surpresa, seu pai estava saindo acompanhado da equipe médica de dentro do local reservado ao tratamento e todos vieram em minha direção. Quando menos eperava "Ding Dong", seu pai com força e vibração tocou meu badalo. Era a primeira vez que eu era soado. Era o fim do tratamento radioterápico de seu pai. Logo, o silêncio de Maria se transformaram em lágrimas de felicidade. Talvez aquele silêncio estivesse planejando como seria dali para a frente a nova jornada com seu pai que já havia superado seus ciclos de radioterapia.

Isso me fez tirar outra lição que o silêncio pode ser um presságio de boas notícias. Me senti muito orgulhoso por estar anunciando minha primeira vitória sobre uma etapa que de fato é muito difícil.

A COMPAIXÃO DE SOFIA

Sofia era uma mulher de meia-idade, com um sorriso gentil e cujo rosto era marcado pela doença. Ela sempre vinha acompanhada por seu marido, Jairo, um homem forte e carinhoso que nunca a deixava sozinha durante as consultas.

No início, Sofia era reservada, seus olhos muitas vezes perdidos em pensamentos longínquos. Parecia perdida no processo de tratamento da doença até quem uma certa tarde, enquanto esperavam pela consulta, uma senhora idosa, Dona Clara, sentou-se ao lado de Sofia e, sem hesitar, começou a conversar. Dona Clara também estava ali para o tratamento, e sua compaixão transbordava em cada palavra.

Sofia tinha um tumor que acometia seu nariz, deixando seu rosto um pouco deformado, enquanto Clara tratava de um nódulo abaixo do olho direito que igualmente deixava marcas em sua face.

Clara contou a Sofia sobre sua própria jornada, suas lutas e como encontrou força nos gestos simples de compaixão de estranhos ao longo do caminho. Dona Clara não só compartilhou suas experiências, mas também ofereceu um ombro amigo, um apoio sincero que tocou profundamente o coração de Sofia, uma vez que assim como ela, tinha algumas dificuldades em lidar com uma doença que afetava seu rosto.

Ao longo das semanas seguintes, notei uma transformação em Sofia, pois seu sorriso tornou-se mais radiante, sua postura mais confiante e ela passou a não apenas receber, mas também a oferecer compaixão aos outros pacientes. Seja através de um gesto gentil, uma palavra de encorajamento ou simplesmente estar presente para aqueles que precisavam.

Comecei a perceber que a compaixão não é apenas um sentimento passageiro; é uma força transformadora. Na jornada do tratamento da doença, onde as emoções são intensas e os desafios são muitos, a compaixão desempenha um papel crucial pois oferece conforto nas horas difíceis, fortalece a resiliência e cria uma rede de apoio que sustenta tanto o corpo quanto a alma.

Quando pacientes como Sofia encontram compaixão, eles não se sentem mais sozinhos em sua luta, pois percebem que são amados, valorizados e que suas histórias importam. A compaixão não cura fisicamente, mas nutre a esperança, alimenta a coragem e fortalece a determinação de continuar lutando.

Na recepção desta clínica, eu testemunhei muitas histórias de compaixão que transcenderam as circunstâncias desafiadoras do tratamento do câncer. Elas lembram a todos nós da nossa humanidade compartilhada, da capacidade de oferecer conforto e apoio uns aos outros, mesmo nos momentos mais sombrios.

Isso me levou a conclusão que devemos sempre cultivar a compaixão em nossos corações, não apenas como uma virtude, mas como um ato de cura mútua, pois ela pode ser capaz de nos conduzir em caminhos difíceis e renovar nossas esperanças que nos ajuda a seguir em frente, juntos, na jornada da vida.

A SOMBRA DA DESPEDIDA

Aquele dia não parecia o mesmo. A luz que geralmente irradiava da recepção parecia mais tênue, e o burburinho constante de conversas animadas estava estranhamente ausente. Os pacientes estavam mais cabisbaixos, a equipe médica um pouco menos falante. A sensação no ar era pesada, como se todos estivessem carregando um fardo invisível.

Eu observava atentamente e pouco tempo depois, percebi que um dos pacientes, conhecido por todos como Dona Isabel, havia sucumbido à doença. Dona Isabel era uma mulher de espírito vibrante e otimismo contagiante, e sua ausência era sentida profundamente. Seu sorriso constante e palavras de encorajamento eram faróis de esperança para muitos que passavam por aqui.

As pessoas na sala de espera estavam visivelmente afetadas. Alguns olhavam para o chão, perdidos em pensamentos, enquanto outros trocavam olhares de tristeza e compreensão. A equipe médica, geralmente tão enérgica e positiva, também parecia abatida. Era claro que a morte de Dona Isabel havia tocado a todos.

Apesar do clima sombrio, percebi algo crucial naquele momento. A morte, embora dolorosa e assustadora, era uma parte inevitável da jornada humana. Mesmo com todos os esforços e avanços da medicina, às vezes a batalha contra o câncer terminava de forma trágica. No entanto, isso não significava que a luta fosse em vão. Cada dia, cada tratamento, cada sorriso trocado entre pacientes e equipe era uma vitória em si mesma.

As pessoas não podiam deixar-se levar pelo medo de morrer. Em vez disso, precisavam viver um dia de cada vez, encontrando forças nas pequenas vitórias e nas conexões que faziam ao longo do caminho. A perda de Dona Isabel, embora dolorosa, era também um lembrete da resiliência e da capacidade humana de encontrar esperança mesmo nos momentos mais sombrios.

No fundo, a morte era uma realidade que todos enfrentariam eventualmente. Mas a verdadeira medida da vida não estava em sua duração, mas na maneira como era vivida. Dona Isabel, com seu espírito indomável e bondade incessante, havia vivido plenamente, tocando a vida de todos ao seu redor.

E assim, naquele dia de despedida, enquanto o luto permeava a sala de espera, havia também um profundo senso de gratidão por ter conhecido alguém tão especial. A vida continuava, e a memória de Dona Isabel seria fonte de inspiração para todos. Afinal, a verdadeira vitória não estava apenas em sobreviver, mas em viver cada momento com coragem e amor.

Enquanto os pacientes e a equipe se consolavam mutuamente, percebi que, mesmo na sombra da morte, havia uma luz de esperança e união. A jornada do tratamento oncológico era difícil, mas também era uma oportunidade de crescimento, aprendizado e conexão humana. E eu continuaria a tocar, lembrando a todos que cada dia era uma nova chance de recomeçar, de amar e de viver plenamente.

O MAU HUMOR DE CARLOS

Carlos era um homem de meia-idade que frequentava a clínica de radioterapia há algumas semanas. Ele era sempre pontual, chegava calado e saía sem trocar palavras com ninguém. Seus traços faciais rígidos e o olhar distante revelavam um semblante de constante mau humor e era difícil para os outros pacientes e até mesmo para a equipe da clínica se aproximarem dele.

A aparência de Carlos não refletia sua verdadeira natureza, pois me parecia ser um homem alegre, amante de piadas e de momentos descontraídos com amigos e família. No entanto, a realidade de sua situação havia mudado drasticamente sua personalidade, pois desde o diagnóstico ele se fechara em um casulo de amargura e irritação. O peso da doença e o medo do futuro tomaram conta de seu ser, transformando-o em alguém que ele próprio não reconhecia.

Um dia, Carlos chegou mais cedo do que o habitual. Sentou-se em seu lugar de sempre, próximo à janela, onde podia ver o movimento das ruas. O dia estava ensolarado, mas ele parecia alheio à beleza do lado de fora. Enquanto esperava sua vez, ouviu fragmentos de conversas ao seu redor. Algumas pessoas riam, outras compartilhavam histórias de superação. Ele permaneceu isolado, imerso em seus pensamentos.

Maria, uma voluntária da clínica, notou a expressão endurecida de Carlos e decidiu se aproximar. Ela sabia que por trás daquele mau humor havia um homem que precisava de apoio. Com um sorriso suave, ela se sentou ao lado dele.

"Oi, Carlos. Como você está hoje?" Perguntou Maria gentilmente.

Carlos olhou para ela, surpreso pela abordagem. "Estou do mesmo jeito de sempre," respondeu secamente.

Maria não se deixou intimidar. "Sabe, todos aqui estão enfrentando batalhas difíceis. Eu vejo que você está passando por um momento muito duro. Quer falar sobre isso?"

Carlos hesitou, mas algo na voz acolhedora de Maria o fez desarmar-se um pouco. "Eu só... não vejo saída para isso. Tudo parece tão sombrio. É difícil ser otimista quando a vida te derruba desse jeito."

Maria assentiu compreensiva. "Entendo o que você está dizendo. A doença pode nos tirar muito, inclusive a esperança. Mas, Carlos, às vezes, precisamos olhar para além do nosso sofrimento e encontrar pequenas razões para sorrir. Um dia ensolarado, um gesto gentil, uma palavra amiga... essas coisas podem nos ajudar a carregar o fardo."

Carlos permaneceu em silêncio, refletindo sobre as palavras de Maria. Ela continuou: "O mau humor é uma reação natural à dor, mas não podemos deixar que ele domine nossos dias. Encarar essa situação de uma forma diferente, mesmo que seja apenas um pequeno esforço, pode fazer uma grande diferença no seu tratamento e na forma como você vê a vida."

Carlos suspirou profundamente. Pela primeira vez em muito tempo, permitiu-se considerar a possibilidade de mudar sua perspectiva. "Talvez você tenha razão, Maria. Eu perdi muito desde que fui diagnosticado, mas não preciso perder a mim mesmo."

Nos dias que se seguiram, Carlos começou a fazer pequenos esforços para se abrir mais. Ele ainda tinha seus momentos de mau humor, mas agora tentava ver as coisas com outros olhos. A cada dia, ele se permitia um pouco mais de otimismo, um sorriso aqui, uma palavra de agradecimento ali. Gradualmente, o peso em seus ombros parecia diminuir.

O comportamento de Carlos é um exemplo de como o mau humor pode ser tanto uma consequência quanto um agravante de situações difíceis. Encarar a doença ou qualquer outra adversidade com uma atitude mais leve e otimista não é uma tarefa fácil, mas pode transformar significativamente a experiência. Ao mudar sua perspectiva, Carlos começou a ver a vida de forma diferente, percebendo que, mesmo em meio ao caos, ainda há espaço para esperança e pequenas alegrias.

Embora o mau humor seja uma reação compreensível à dor e ao medo, buscar maneiras de cultivar uma atitude mais positiva pode não apenas melhorar nosso bem-estar emocional, mas também ajudar a enfrentar os desafios com mais força e resiliência.

A VAIDADE DE HELENA

Helena era uma mulher que chamava atenção desde o momento em que entrava na sala de espera da clínica. Sempre impecavelmente vestida e maquiada, ela carregava consigo um ar de elegância e sofisticação que contrastava com o ambiente hospitalar. Sua preocupação com a aparência era evidente, e muitas vezes, sua expressão de tristeza e preocupação parecia estar mais ligada aos efeitos estéticos do tratamento do que à própria doença.

Ela tinha cerca de 40 anos e, apesar da gravidade do câncer que enfrentava, suas principais queixas giravam em torno da perda de cabelo, das manchas na pele e da mudança no formato do corpo. Lembro-me de ouvi-la desabafar com outras pacientes sobre como a quimioterapia havia arruinado seu cabelo sedoso e sua pele lisa. Sua vaidade parecia ser uma armadura que usava para enfrentar o mundo, mas que, paradoxalmente, a deixava ainda mais vulnerável.

Helena era acompanhada por sua irmã, Clara, uma mulher simples e de coração generoso. Clara sempre tentava confortá-la, lembrando-a de que a saúde e a vida eram mais importantes do que qualquer padrão de beleza. No entanto, a angústia de Helena em relação à sua aparência muitas vezes obscurecia suas preocupações mais profundas com a doença.

Ao observar Helena, refleti sobre como a vaidade pode ser uma força poderosa, tanto positiva quanto negativa. Em tempos de saúde, ela pode ser uma fonte de confiança e auto-estima. No entanto, diante de um desafio tão grande quanto o câncer, a vaidade de Helena revelava uma superficialidade que a impedia de focar no que realmente importava: sua recuperação e bem-estar.

A história de Helena oferece uma lição valiosa sobre a importância de valorizar as coisas simples e essenciais da vida. A obsessão pela aparência pode desviar nossa atenção do que realmente importa e, em momentos de crise, essa superficialidade pode nos causar ainda mais sofrimento. Para Helena, a preocupação constante com sua aparência não apenas agravava seu estado emocional, mas também dificultava seu caminho para a cura.

É fundamental reconhecer que a verdadeira beleza não reside apenas na aparência física, mas na força interior, na resiliência e na capacidade de enfrentar desafios com coragem. A vaidade, quando excessiva, pode se tornar um obstáculo, prejudicando não apenas a própria pessoa, mas também aqueles que estão ao seu redor, que se preocupam e torcem por sua recuperação.

Portanto, a reflexão que fica é que a vida é muito mais do que a imagem que projetamos. Em tempos de adversidade, como no tratamento de uma doença grave, é essencial encontrar beleza na simplicidade, na gratidão e no amor que recebemos e oferecemos. A aparência é passageira, mas a força e a serenidade que cultivamos dentro de nós são eternas.

A CORAGEM DE GABRIEL

Gabriel era um jovem de 25 anos que enfrentava a jornada do tratamento oncológico com uma coragem silenciosa. Diagnosticado com autismo na infância, ele tinha um jeito peculiar de ver o mundo, um jeito que poucos compreendiam, mas que era fascinante à sua própria maneira. Sua mãe, Dona Marta, era sua companhia constante, uma mulher de expressão serena e olhos atentos, sempre pronta para oferecer o apoio necessário.

Gabriel tinha uma rotina muito específica. Chegava à clínica sempre no mesmo horário, com seu caderno de desenhos e um conjunto de lápis de cor. Desenhar era seu refúgio, sua maneira de expressar o que sentia e como via o mundo. Seus desenhos eram detalhados e cheios de vida, mostrando um talento que surpreendia a todos que os viam. Ele desenhava tudo ao seu redor, incluindo a sala de espera, os outros pacientes, e até mesmo a máquina de radioterapia, que ele transformava em algo quase mágico em seus traços.

A equipe da clínica logo percebeu que Gabriel precisava de um ambiente tranquilo e previsível para se sentir confortável. Renata, Carla e Fernando, as recepcionistas, faziam questão de recebê-lo com um sorriso e palavras gentis, sempre respeitando seu espaço e suas particularidades. Eles aprenderam a reconhecer quando Gabriel estava sobrecarregado e sabiam dar-lhe o tempo necessário para se acalmar antes de qualquer procedimento.

Um dia, enquanto esperava sua vez, Gabriel estava mais agitado do que o habitual. Dona Marta tentava tranquilizá-lo, mas ele parecia angustiado. Foi então que Renata, percebendo a situação, pegou um dos desenhos de Gabriel que estava na mesa e começou a elogiar suas habilidades artísticas. Ela pediu que ele explicasse o que havia desenhado, e aos poucos, Gabriel começou a se acalmar, falando de sua arte com um brilho nos olhos que contrastava com a sua timidez habitual.

Ao observar Gabriel e sua mãe, refleti sobre a importância da empatia e do entendimento em momentos tão delicados. A experiência de Gabriel na clínica era única, marcada por suas necessidades específicas, mas também por uma força interior que poucos conseguiam ver à primeira vista. Sua mãe, Dona Marta, era um exemplo de dedicação e paciência, enfrentando cada dia com uma serenidade que só o amor incondicional pode proporcionar.

Gabriel nos ensina que a coragem pode se manifestar de formas silenciosas e discretas. Sua capacidade de enfrentar o tratamento, apesar dos desafios impostos pelo autismo, é uma prova de sua força e resiliência. Ele nos lembra que cada indivíduo tem seu próprio modo de lidar com a adversidade e que, com compreensão e apoio, é possível transformar a jornada do tratamento em algo mais tolerável e até mesmo esperançoso.

Para todos aqueles que enfrentam a batalha contra o câncer, a história de Gabriel é um lembrete de que a força não precisa ser ruidosa para ser poderosa. A empatia, a paciência e o respeito pelas diferenças podem fazer uma enorme diferença na vida de quem está lutando contra a doença. E para aqueles que amam e cuidam desses pacientes, a dedicação e o amor incondicional são os maiores presentes que podem oferecer.

AS SOMBRAS DE ROBERTO

Roberto era um homem que carregava o peso do mundo nos ombros. Aos 55 anos, sua vida parecia uma sucessão de desgraças, pelo menos sob seu olhar pessimista. Desde o momento em que entrou na clínica, era evidente que ele via sua doença como mais uma confirmação de sua crença de que o universo conspirava contra ele. Sua expressão era sempre sombria, seus olhos carregavam uma tristeza profunda e suas palavras eram envoltas em um manto de negatividade.

Roberto tinha o hábito de falar sobre suas desventuras com qualquer um que estivesse por perto. Ele contava, com um tom de amargura, sobre os muitos empregos que perdeu, os amigos que o abandonaram e os projetos que nunca deram certo. Parecia encontrar uma espécie de consolo ao justificar sua situação atual com uma longa lista de infortúnios passados. Ele acreditava firmemente que sua doença era apenas mais uma prova de que nada de bom poderia acontecer em sua vida.

Apesar de seu pessimismo, Roberto era um homem de bom coração. Ele tinha uma empatia natural pelos outros pacientes e sempre se oferecia para ajudar de alguma forma. Se alguém precisava de um copo d'água ou uma palavra amiga, ele estava lá, mesmo que sua própria visão de mundo fosse envolta em escuridão. Sua caridade e empatia eram evidentes, e muitas vezes ele colocava as necessidades dos outros à frente das suas, mesmo que não soubesse expressar isso de maneira positiva.

Suas manias eram muitas. Roberto sempre carregava um amuleto de madeira que dizia ter encontrado num dia particularmente ruim. Acreditava que, ao manter o amuleto por perto, evitava que as coisas piorassem ainda mais, embora confessasse, com um suspiro, que isso raramente funcionava. Ele se sentava sempre na mesma cadeira, distante dos outros pacientes, murmurando para si mesmo que não adiantava tentar fazer amigos, pois as pessoas acabariam se afastando de qualquer maneira.

Ao observar Roberto, a tristeza de sua existência se tornava palpável. Ele era um homem preso em um ciclo de pessimismo, incapaz de ver qualquer luz nas trevas que criara ao seu redor. Suas interações com os outros pacientes eram mínimas, e quando ocorriam, ele rapidamente as transformava em sessões de lamentação sobre a injustiça de sua vida. Sua presença, marcada por essa energia negativa, afastava os outros, que já lidavam com suas próprias batalhas internas.

Roberto era acompanhado por sua irmã, Ana, uma mulher de espírito forte e coração bondoso. Ela era sua única conexão com o mundo exterior e, apesar do pessimismo incessante do irmão, nunca deixou de acreditar que ele poderia mudar. Certa vez, Ana trouxe uma pequena planta para Roberto, um cacto que ela dizia ser resistente, assim como ele. Ela esperava que, cuidando da planta, ele pudesse encontrar uma nova perspectiva sobre a vida. Roberto, no entanto, apenas bufou, dizendo que a planta provavelmente morreria sob seus cuidados.

A história de Roberto nos oferece uma reflexão profunda sobre os efeitos corrosivos do pessimismo. Viver envolto em negatividade não apenas torna a vida mais difícil, mas também afasta as pessoas e impede a formação de laços significativos. O pessimismo de Roberto, sua incapacidade de ver além das sombras, criava um ciclo de autossabotagem que o mantinha preso em um estado constante de desespero.

No entanto, sua doença poderia ser uma oportunidade para uma virada de chave. Encarar o câncer como um desafio que pudesse, paradoxalmente, trazer uma nova perspectiva, poderia ser a chave para Roberto quebrar o ciclo de negatividade. Se ele conseguisse ver a doença não como mais um castigo, mas como uma chance de reavaliar sua vida e suas crenças, talvez encontrasse a força para começar a enxergar o mundo com outros olhos.

A lição aqui é que a perspectiva com que vemos nossas vidas pode influenciar profundamente nossa jornada. Encarar os desafios com um coração aberto e uma mente disposta a encontrar a beleza nas pequenas coisas pode transformar nossa realidade. Para Roberto, aceitar essa mudança poderia significar não apenas uma melhora em sua qualidade de vida, mas também a redescoberta da capacidade de formar conexões verdadeiras e de encontrar alegria nas coisas simples.

EMOÇÕES NÃO COMPARTILHADAS

Guto é um filho devoto, sempre acompanhando sua mãe para o tratamento. Ele é um homem forte, mas é evidente que o peso que carrega é imenso. Sua mãe, debilitada pela doença, conta com ele para tudo. O vínculo afetivo entre eles é palpável, mas Guto não é do tipo que compartilha suas dores e angústias. Ele prefere guardar tudo para si, tentando ser a rocha inabalável para sua mãe.

É curioso notar como Guto luta contra suas próprias emoções. Toda vez que alguém toca o sino para celebrar o fim de um ciclo de tratamento, vejo Guto lutar contra as lágrimas. Ele tenta manter a compostura, mas seus olhos sempre denunciam a emoção que tenta esconder. Quase sempre, ele acaba indo ao banheiro, onde, certamente, se permite desabar em lágrimas. É nesse momento que percebo o quão humano ele é, e o quanto essa necessidade de ser forte pode ser prejudicial.

Guardar emoções não compartilhadas pode ser um fardo pesado demais para qualquer pessoa. Guto, ao segurar suas lágrimas e esconder sua dor, acaba acumulando um peso emocional que só cresce, pois a dor não expressada tem o poder de corroer por dentro, tornando o fardo ainda mais difícil de carregar. Esse comportamento pode ser especialmente prejudicial, não só para ele, mas também para sua mãe. Ao tentar ser forte para ela, ele pode estar se afastando emocionalmente, quando talvez o que ela mais precise seja sentir que ele está ao seu lado, compartilhando genuinamente suas emoções.

Expressar os sentimentos, mesmo que dolorosos, pode ser uma forma de aliviar a pressão interna e fortalecer os laços com aqueles que amamos. Se Guto permitisse que suas lágrimas caíssem livremente e compartilhasse suas angústias, poderia encontrar conforto e apoio. Além disso, sua mãe, ao ver sua vulnerabilidade, poderia se sentir ainda mais próxima dele, sabendo que não está sozinha em sua luta.

No momento em que alguém toca o sino, Guto deveria se permitir sentir a alegria e a esperança desse momento. Chorar não é sinal de fraqueza, mas sim de humanidade. Ao observar Guto eu fico imaginando o quanto é importante que ele entenda que liberar suas emoções pode ser uma forma de se fortalecer, tanto para si quanto para sua mãe. Permitir-se chorar, desabafar e até pedir ajuda são atitudes que podem transformar sua jornada de dor em uma trajetória de amor e apoio mútuo.

Portanto, é de suma importância que Guto, e todos aqueles que se identificam com ele, entendam que guardar sentimentos pode ser prejudicial. A alternativa é deixar as emoções fluírem, buscando apoio e compartilhando as suas emoções pois isso não só alivia o peso, mas também fortalece os laços afetivos, tornando a caminhada um pouco menos solitária e um pouco mais suportável. Afinal, somos todos humanos, e compartilhar nossas emoções é uma parte essencial da nossa existência. Uma hora ou outra Guto precisa se libertar dessa sua introspecção, pois a partir daí perceberá que a vida, apesar das dificuldades pode ser mais leves se nos permitirmos nos levar pelas emoções.

A ESCOLHA DE TEREZA

No meu dia a dia acabo sendo testemunha de muitas histórias aqui na clínica. Algumas são de esperança, outras de superação, e algumas, como a de Teresa, são de uma força quase incompreensível. Teresa é uma mulher de meia-idade, com um sorriso que ilumina qualquer ambiente, mas seus olhos carregam uma história de lutas e desafios. Ela já tocou meu badalo uma vez, celebrando a vitória sobre o câncer e o fim do tratamento. No entanto, alguns meses depois, a doença voltou, dessa vez de maneira mais agressiva e rápida.

Teresa sabe que o tratamento já não está mais fazendo efeito algum. Ela sabe que sua partida é iminente. Mas, ao invés de desistir, ela optou por continuar vindo à clínica até o dia de tocar o sino pela última vez. Não por uma cura que já não é possível, mas pela esperança e pelas amizades que construiu aqui. Teresa é uma inspiração, não apenas pela sua resiliência, mas pela sua capacidade de encontrar alegria e propósito em meio à adversidade.

Ao entrar na clínica, ela traz consigo uma aura de serenidade e determinação fazendo questão de cumprimentar a todos com um sorriso genuíno, independentemente de como está se sentindo por dentro. Os outros pacientes a observam com admiração e curiosidade. "Como ela consegue ser tão forte?" é uma pergunta frequente nos olhares que a seguem, pois ela nunca hesita em sentar ao lado de alguém novo, compartilhar uma palavra de encorajamento ou simplesmente ouvir.

Dedica-se a mostrar esperança para as demais pessoas na clínica se tornando uma verdadeira luz para aqueles que estão no início da jornada, um ombro amigo para quem está cansado, e uma voz de encorajamento para todos. Sua força é palpável, e sua presença é como um bálsamo para os que estão aflitos. Apesar de saber da sua condição, ela continua ali, não apenas por si mesma, mas pelas amizades construídas na recepção. Os pacientes e os funcionários são como uma segunda família para ela. O ambiente, que poderia ser sombrio e pesado, é para Teresa um refúgio, um lugar onde ela se sente bem, onde ela escolheu estar até o fim. Até porque as pessoas que ali estão, apesar dos desafios enfrentados, se sentem esperançosas e a energia é muito boa.

A história de Teresa é marcada por momentos de grande dor e também de imensa beleza. Ela relembra com carinho o dia em que tocou meu badalo pela primeira vez, um dia de alegria e celebração. Mas a realidade da recaída trouxe consigo uma nova perspectiva. Teresa não permitiu que o desespero a dominasse. Em vez disso, ela decidiu usar o tempo que lhe restava para espalhar amor e esperança. Cada sessão de radioterapia se tornou uma oportunidade para ela fortalecer os laços com aqueles ao seu redor.

As qualidades de Teresa são muitas e profundas. Sua força, coragem e altruísmo são exemplos poderosos para todos nós, pois ela nos ensina que, mesmo quando a vida nos derruba, podemos escolher levantar e continuar. Sua capacidade de encontrar alegria nas pequenas coisas, de construir e manter amizades, e de se dedicar ao bem-estar dos outros, mesmo quando está sofrendo, é uma lição de humanidade e compaixão. Por isso, faz questão de estar presente para os outros, sabendo que cada palavra de conforto, cada gesto de carinho, tem um impacto profundo.

Teresa encontrou um propósito em seu papel como a "guardiã da esperança" na clínica. Ela organiza pequenos encontros, traz bolos e biscoitos para compartilhar e faz questão de celebrar cada pequena vitória, seja o término de uma sessão ou uma simples melhora no humor de um colega paciente. Para Teresa, esses momentos de conexão são vitais, pois representam a essência do que significa viver plenamente, mesmo quando o tempo é limitado. Ela sabe que sua jornada está chegando ao fim, mas não se deixa abater por isso.

Refletindo sobre a história de Teresa, percebemos a importância dessas qualidades aplicadas em nossa vida. A força de vontade de continuar, mesmo quando tudo parece perdido, nos mostra que a verdadeira força não está em vencer, mas em continuar lutando. A coragem de enfrentar o desconhecido e a aceitação da própria condição nos ensina a viver com dignidade e propósito. E o altruísmo, a capacidade de cuidar dos outros mesmo quando estamos sofrendo, nos mostra que o amor e a compaixão são as forças mais poderosas que temos. Teresa não apenas aceita a ajuda dos outros, mas também a oferece generosamente.

Em um dos muitos dias passados na clínica, Teresa compartilhou sua história com uma jovem mãe que acabara de receber o diagnóstico de câncer. Segurou a mão da jovem e disse: "Eu sei que parece o fim do mundo, mas você não está sozinha. Cada dia é uma chance de encontrar algo bonito, mesmo que seja apenas um sorriso." Essas palavras, simples mas profundas, tiveram um impacto duradouro. Teresa percebeu que, ao dar voz à sua própria experiência, estava criando um espaço seguro para que os outros também compartilhassem suas histórias e encontrassem força uns nos outros.

Ela escolheu frequentar a clínica até o fim porque, para ela, esse lugar era de conforto e conexão onde encontra paz e alegria nas conversas e risadas compartilhadas, na gentileza dos funcionários e no apoio mútuo entre os pacientes. A decisão de Teresa de continuar vindo aqui é uma celebração da vida, uma escolha de viver cada dia com significado e propósito. A clínica tornou-se um lugar onde ela não só recebe tratamento, mas também oferece cura emocional e espiritual aos outros.

Portanto, ao olharmos para a história de Teresa, aprendemos que a esperança e a resiliência são essenciais para enfrentar os desafios da vida. Mesmo quando o fim está próximo, podemos escolher viver com dignidade, alegria e amor. E, acima de tudo, aprendemos que as conexões humanas e as amizades são fundamentais para o nosso bem-estar, dando-nos força e coragem para continuar, não importa o que aconteça. Teresa é um exemplo de como a vida pode ser vivida plenamente, com amor, compaixão e uma vontade inabalável de encontrar beleza e propósito em cada dia.

SABEDORIA E APRENDIZADO

O som dos passos rápidos e decididos de Túlio ecoava pela sala de espera. Ele era um homem de aproximadamente 50 anos, com cabelos grisalhos bem cortados e uma expressão sempre atenta. Ao contrário de muitos pacientes que vinham acompanhados de familiares, Túlio preferia enfrentar suas sessões de radioterapia sozinho, pois era um homem que gostava de se sentir no controle, e isso se refletia em sua atitude.

Túlio não era apenas um paciente, mas um autodidata fervoroso. Desde que recebeu o diagnóstico de câncer de próstata, ele mergulhou de cabeça em livros, artigos científicos e qualquer fonte de informação que pudesse encontrar daquilo que lhe acometia. Sabia as estatísticas, os tratamentos disponíveis, as taxas de sucesso e os efeitos colaterais. Era o tipo de pessoa que tinha uma explicação para tudo, desde a fisiologia do câncer até os detalhes mais obscuros dos tratamentos mais experimentais.

Na sala de espera, Túlio se tornara uma figura conhecida. Não importava o assunto, ele sempre tinha algo a dizer. Se alguém mencionasse a previsão do tempo, ele explicava os padrões climáticos. Se falassem sobre dieta, ele detalhava a composição nutricional dos alimentos. No início, algumas pessoas achavam suas intervenções irritantes, mas logo perceberam que ele era uma fonte de conhecimento valiosa.

Uma tarde, enquanto aguardava sua vez, Túlio se envolveu em uma conversa com um novo paciente, Marcos. Marcos estava visivelmente nervoso e perguntou a Túlio sobre os efeitos colaterais da radioterapia. Com sua voz calma e segura, Túlio explicou tudo em detalhes, desde a sensação de cansaço até as possíveis reações na pele. Ao final, Marcos parecia mais aliviado, agradecendo pela clareza com que Túlio havia explicado tudo.

Mas não era apenas sobre o câncer que Túlio sabia tanto. Ele era uma verdadeira enciclopédia ambulante. Um dia, uma conversa sobre viagens levou a uma discussão sobre a geografia do Brasil, e Túlio, claro, conhecia todos os detalhes. Ele sabia sobre a história das cidades, os melhores pontos turísticos e até mesmo peculiaridades culturais de cada região.

No entanto, havia uma área em que Túlio sentia que não tinha alcançado seu potencial: os estudos. Desde jovem, sonhava em passar em um concurso público, mas sempre faltava algo. Ele estudava, sim, mas nunca com a mesma intensidade e foco que dedicava à pesquisa sobre sua doença. Ele próprio admitia que se tivesse estudado para os concursos com a mesma determinação, provavelmente já estaria em uma posição desejada. Pode parecer um paradoxo, pois como pode alguém que sabe de tudo um pouco não conseguir ser aprovado num concurso público?

Essa constatação trouxe uma reflexão importante para Túlio, pois ele percebeu que a doença lhe proporcionou uma oportunidade de autoavaliação e redirecionamento. Assim como ele havia se tornado um especialista em câncer de próstata, ele poderia aplicar a mesma dedicação e disciplina em outras áreas de sua vida. Talvez, pensava ele, essa fosse a chance de finalmente alcançar seus objetivos acadêmicos e profissionais.

Eu, observando tudo, refletia sobre o valor do conhecimento e da autodeterminação, pois chegava a conclusão de que Túlio era a prova de que, mesmo em meio à adversidade, era possível buscar e encontrar sabedoria. Ele havia transformado sua situação em uma oportunidade para aprender e, possivelmente, redescobrir seus sonhos.

Essa história de Túlio deixa uma lição poderosa: o conhecimento é uma ferramenta valiosa em qualquer batalha. Dedicar-se a entender o que nos aflige pode não apenas trazer conforto, mas também abrir portas para novas possibilidades. Às vezes, a vida nos dá desafios não para nos derrubar, mas para nos mostrar o caminho para a superação e o crescimento pessoal.

Túlio, com seu desejo incessante de aprender e compartilhar, ensinou a todos na sala de espera que a busca pelo conhecimento pode ser uma esperança.

O FARDO E PRIORIDADES DE HENRIQUE

Entre tantas histórias e comportamentos que observo diariamente, um me chamou a atenção. Era a de Carlos e seu filho, Henrique. Carlos, um homem de 65 anos, era paciente de radioterapia, e Henrique, seu filho de 35 anos, era um técnico de informática especializado em inteligência artificial e um profissional muito requisitado, frequentemente recebendo ofertas de emprego. No entanto, levar seu pai para o tratamento diário era, para ele, um fardo. Não porque não amasse seu pai, mas porque estava se prejudicando no trabalho, tendo que sair todos os dias mais cedo.

Henrique vivia se queixando, temendo perder seu emprego, pois achava que estava comprometendo seu futuro profissional, e essa preocupação o deixava constantemente estressado. Carlos, por outro lado, sabia que seu filho era talentoso e que, mesmo se perdesse o emprego atual, logo encontraria outro. Ele frequentemente tentava tranquilizar Henrique, dizendo: "Filho, você é brilhante. As empresas estão sempre atrás de você. Não se preocupe tanto." Mas Henrique não dava bola ao que seu pai dizia.

Em um dia que parecia ser mais um na rotina da clínica, o médico oncologista chamou Carlos e Henrique para uma conversa. A notícia não era boa: a lesão havia se espalhado, com metástases no rim, pâncreas e estômago. Naquele momento, ficou claro que a radioterapia não adiantaria mais. A quimioterapia também era arriscada devido à sensibilidade de Carlos a medicamentos. O médico explicou que o tempo de Carlos estava se esgotando e que deveriam focar no conforto e na qualidade de vida.

Henrique ficou devastado. Até então, ele via o tratamento do pai como uma interrupção em sua carreira, um fardo. Mas, ao ouvir a gravidade da situação, algo dentro dele mudou. Ele caiu na real que o tempo com seu pai seria curto e que suas prioridades precisavam mudar. Henrique percebeu que o verdadeiro fardo não era levar seu pai ao tratamento, ou se prejudicar no seu trabalho, mas a possibilidade de perder aqueles preciosos momentos juntos.

Nos dias que se seguiram, Henrique começou a refletir sobre todas as vezes que priorizou o trabalho em vez da família. Ele lembrou-se dos aniversários que perdeu, dos jantares em família aos quais não compareceu, tudo em nome do trabalho. A percepção de que seu pai poderia partir em breve o fez enxergar o quanto ele havia negligenciado o relacionamento com Carlos. Henrique começou então, tardiamente, a valorizar cada momento ao lado do pai, cada conversa, cada sorriso. Decidiu que precisava mudar sua abordagem e passou a organizar seu tempo de forma mais eficiente, comunicando-se melhor com seus empregadores e explicando a situação. Surpreendentemente, ele encontrou apoio e compreensão. Isso lhe deu a liberdade de estar mais presente para seu pai, sem a constante ansiedade sobre o trabalho. Ele começou a ver esses momentos como oportunidades para fortalecer o vínculo com Carlos, ao invés de um fardo e resolveu se desligar do seu emprego para dedicar-se aos cuidados paliativos de seu pai.

Durante as visitas à clínica, Henrique começou a prestar mais atenção às histórias dos outros pacientes e acompanhantes. Ele percebeu que muitos estavam na mesma situação: tentando equilibrar trabalho e família, carregando sentimento de culpa e remorso, quando decidiu falar com outros filhos e filhas, compartilhando sua própria jornada e ouvindo as deles. Ele percebeu que não estava sozinho e que muitos enfrentavam dilemas semelhantes.

A reflexão de Henrique sobre suas prioridades se aprofundou e ele entendeu que, na vida, precisamos encontrar um equilíbrio entre nossas responsabilidades profissionais e nossos relacionamentos pessoais. O fardo do remorso pode ser muito mais pesado do que o de perder um emprego. Ele aprendeu que o tempo é o bem mais precioso que temos e que devemos usá-lo sabiamente, especialmente com aqueles que amamos.

Ao olhar para trás, Henrique viu como sua percepção havia mudado. Ele aprendeu a importância de estar presente, de valorizar cada momento e de não deixar que o trabalho consumisse todo seu tempo e energia. Ele também percebeu que seu pai, mesmo em meio à doença, lhe ensinou uma lição valiosa sobre o que realmente importa na vida.

Carlos, por sua vez, observava com orgulho a transformação de Henrique. Ele via seu filho se tornando mais atencioso, mais presente, e isso lhe trazia conforto. Carlos sabia que, embora seu tempo estivesse acabando, ele havia conseguido transmitir a Henrique uma das lições mais importantes da vida: a importância do amor e da família.

Henrique continuou a levar seu pai não mais para a clínica, mas em lugares onde ambos podiam desfrutar de sua convivência de maneira intensa e amorosa. Agora, cada viagem era uma oportunidade de estar junto, de conversar, de rir. Eles aproveitavam cada momento, conscientes de que esses eram os últimos dias que passariam juntos. E, quando finalmente chegasse o momento de dizer adeus, Henrique sabia que, apesar da dor da perda, ele teria a paz de espírito de saber que fez tudo o que podia para estar ao lado de seu pai, ainda que tardiamente.

A história de Henrique e Carlos nos ensina que, embora o trabalho seja importante, as relações pessoais são o que realmente dão sentido à vida. Não devemos permitir que o medo de perder um emprego nos afaste daqueles que amamos. O verdadeiro sucesso não é medido apenas pelo progresso na carreira, mas também pelos laços que cultivamos e pelo amor que compartilhamos, principalmente com nossos familiares próximos. E, no final das contas, é esse amor que nos dá força e significado, mesmo nos momentos mais difíceis.

O CANSASO DE DONA ALZIRA

Dona Alzira era uma senhora que, apesar da idade avançada e da doença que a acometia, demonstrava uma força de vontade impressionante. Sempre acompanhada por sua filha e netos, ela fazia a longa viagem de 40 minutos até a clínica, enfrentando diariamente os desafios do tratamento.

Dona Alzira estava cansada, não só pela idade, mas também pelo peso da doença. Ela preferia estar em casa, bordando e vivendo em paz, do que ter que enfrentar as náuseas e o desgaste físico do tratamento. Cada dia era uma batalha para ela, e o esforço exigido parecia às vezes insuportável. No entanto, ela continuava vindo, sempre com um sorriso cansado, mas genuíno, para seus netos que corriam pela sala de recepção e me tocavam, enchendo o ambiente com risos e alegria.

Era nítido que a maior preocupação da Dona Alzira não era a cura da sua doença, pois para ela, era apenas mais uma entre tantas que já teve. A sua preocupação girava em torno dos seus netos que quando estavam na recepção brincando, não davam a atenção que ela teria se estivesse em sua casa, pois lá, ela sempre podia contar histórias e se divertir com eles com seus jogos de adivinhações.

Dona Alzira fazia o possível para se manter disposta, querendo dar o exemplo para sua família e mostrar que, mesmo nos momentos mais difíceis, é possível encontrar forças para continuar. Seu comportamento me ensinava muito sobre resiliência e o poder da vontade humana.

Era visível que o cansaço de Alzira não era apenas físico, mas também emocional. Ela estava exausta de lutar contra a doença, mas se recusava a desistir. Cada vez que sentia náuseas e precisava ser amparada pelos médicos, meu coração de metal se apertava por ela. Mas ela nunca reclamava; ela apenas fazia o que precisava ser feito, com a dignidade que só alguém com uma vida longa e cheia de experiências pode ter.

Ao refletir sobre a história de Dona Alzira, percebo o quanto a força de vontade pode impactar nossa vida, mesmo nas situações mais adversas. Ela sabia que o tratamento era essencial, apesar de preferir a tranquilidade de sua casa. Ela entendia que sua presença na clínica não era apenas uma batalha pela própria vida, mas também uma lição de coragem para seus netos, que a olhavam com admiração e carinho.

A experiência de vida de Dona Alzira lhe dava uma perspectiva única sobre o que realmente importa, pois ela sabia que a doença era apenas mais um desafio a ser enfrentado, como tantos outros que já havia superado. E, apesar do cansaço, ela encontrava forças em seu amor pela família e no desejo de ser um exemplo de coragem e força.

Para se sentir um pouco melhor, talvez Alzira pudesse se permitir pequenos momentos de prazer e descanso. Talvez ela pudesse trazer seus bordados para a clínica, aproveitando os momentos de espera para fazer algo que amava. Ou talvez pudesse compartilhar suas histórias de vida com outros pacientes, oferecendo e recebendo apoio emocional.

A grande lição que Dona Alzira nos deixa é que, mesmo nos momentos de maior dificuldade, é possível encontrar forças dentro de nós mesmos. Sua determinação e força são exemplos de como podemos enfrentar os desafios com dignidade e coragem. E, acima de tudo, ela nos mostra que, independentemente das circunstâncias, o amor e o apoio da família são fundamentais para nos manter firmes em nossa jornada.

Enquanto o tratamento de Alzira continuava, eu observava atentamente cada momento, aprendendo com sua sabedoria e sua força. A cada dia, ela demonstrava que, embora a vida seja cheia de desafios, a maneira como os enfrentamos define quem somos. E, mesmo cansada e enfrentando a doença, continuava a ensinar, a inspirar e a viver com coragem e dignidade.

Olhando para Dona Alzira, aprendi que a resiliência não é apenas uma questão de força física, mas também de força emocional e mental. É sobre encontrar significado nos momentos difíceis e usar esse significado para continuar. E, acima de tudo, é sobre não desistir, mesmo quando tudo parece perdido.

Assim, a história de Dona Alzira se torna uma poderosa lição para todos nós. Ela nos lembra que, independentemente da idade ou das circunstâncias, sempre há algo pelo qual vale a pena lutar. E que, mesmo nos dias mais sombrios, a luz do amor e da esperança pode nos guiar para frente.

IRENE E SUA MANIA DE LIMPEZA

Dona Irene era uma senhora de aproximadamente 55 anos, de estatura média e cabelos curtos, sempre impecavelmente penteados. Ela tinha um comportamento que logo se destacou: uma preocupação obsessiva com a limpeza. Todos os dias, assim que chegava à clínica, ela repetia um ritual meticuloso. Limpava cada superfície que tocava, desde as cadeiras na sala de espera até os corrimões do corredor.

No entanto, foi seu tratamento comigo, o sino, que realmente capturou minha atenção. Certo dia, Dona Irene trouxe consigo uma pequena bolsa cheia de produtos de limpeza. Entre eles, um frasco de pasta de dente. Com um pano macio, ela passou a aplicar a pasta sobre minha superfície, esfregando com cuidado e precisão. Ao término, eu brilhava como nunca antes. Fiquei impressionado com seu esforço e atenção aos detalhes, e também me senti orgulhoso de estar tão bem cuidado.

Contudo, sua obsessão ia além da limpeza comum. Ela constantemente esfregava as mãos, limpava os braços e até o rosto repetidamente, como se tentasse remover uma sujeira invisível. A cada toque, ela voltava a limpar, num ciclo interminável que parecia ser tanto uma necessidade quanto um fardo.

Dona Irene levantava questionamentos sobre os limites da limpeza e o impacto dessa mania no tratamento. Por um lado, sua higiene impecável a protegia de infecções e era uma prática louvável, especialmente em um ambiente onde a imunidade pode ser comprometida. Por outro lado, a limpeza excessiva parecia consumi-la, roubando-lhe tempo e energia que poderiam ser melhor empregados em outras atividades de autocuidado ou descanso.

Imagino como seria a casa de Dona Irene. Certamente, cada canto brilharia de tão limpo, com móveis polidos e perfeitamente organizados. Os pisos impecáveis refletiriam a luz do sol que entrasse pelas janelas sempre limpas, sem um único traço de poeira. Os armários estariam meticulosamente arrumados, com cada item em seu lugar exato. Até mesmo as roupas em seu guarda-roupa seriam organizadas por cor e tecido, sem um vinco fora do lugar.

Essa visão de perfeição, no entanto, traz consigo uma reflexão sobre as prioridades da vida. Ao focar tanto na limpeza, Dona Irene pode estar deixando de lado momentos preciosos de simplicidade e alegria, pois acredito que as prioridades da vida nem sempre devem girar em torno de manias ou obsessões. A vida pode ser muito mais simples e plena quando nos permitimos abraçar suas imperfeições.

É importante encontrar um equilíbrio entre a busca por ordem e a aceitação do caos que faz parte da vida. As obsessões podem nos dar uma falsa sensação de controle, mas também podem nos afastar das coisas que realmente importam: as conexões humanas, os momentos de descontração, o prazer nas pequenas coisas. Ao observar Dona Irene, aprendi que a obsessão pela limpeza não deve substituir a busca por um coração e uma mente em paz.

A vida, em sua essência, é muito mais do que superfícies brilhantes e perfeição exterior, pois é feita de momentos de desordem, de risadas espontâneas, de abraços calorosos e de aceitação das nossas imperfeições entre outros.

Penso que podemos aprender a viver de maneira mais simples e significativa, valorizando o que realmente importa e deixando de lado as preocupações excessivas. Afinal, um coração tranquilo e uma mente serena são os maiores tesouros que podemos possuir e a atenção dispensadas a coisas e objetos podem não só afastar as pessoas da gente, mas nos impedir de nos aproximarmos delas e elas da gente.

VERGONHA OCULTA

Um dia, avistei um novo paciente na recepção. Era um adolescente, talvez com 16 ou 17 anos, de olhar cabisbaixo e ombros curvados. Seu nome era Lucas. Usava um boné puxado para baixo, quase escondendo seu rosto, e suas roupas largas pareciam escolhidas para desviar qualquer atenção. Sempre que ele chegava, era fácil perceber sua relutância em estar ali, em ser visto, em ser notado. Havia uma tristeza em seus olhos que era difícil ignorar, uma melancolia que parecia envolver todo o seu ser.

Lucas entrava para o tratamento quase furtivamente, tentando passar despercebido, e quando saía, a mesma sombra de vergonha o acompanhava. Ele evitava olhar nos olhos de qualquer pessoa, preferindo a companhia silenciosa de seus pensamentos. Eu o observava, e não podia deixar de imaginar como essa vergonha afetava sua vida além das paredes da clínica. Em seu dia a dia, nas interações com amigos, na escola, como ele se sentia? A vergonha de sua condição parecia penetrar em todos os aspectos de sua existência, isolando-o em um mundo de autocrítica e insegurança.

Era doloroso ver como Lucas acreditava que os outros o viam de forma diferente, como se a doença o definisse por completo. Ele carregava um peso que não deveria ser seu. A verdade é que a vergonha não apenas prejudicava seu bem-estar emocional, mas também sua capacidade de se conectar com os outros e de viver plenamente. A doença era uma parte de sua vida, sim, mas não a totalidade de quem ele era. A vergonha, no entanto, nublava essa perspectiva, fazendo-o acreditar que estava marcado, separado dos demais.

Isso me fazia refletir que a vergonha de quem somos, do que passamos, é um fardo desnecessário e destrutivo. Ter vergonha de uma condição de saúde, algo sobre o qual não temos controle, é injusto e cruel consigo mesmo. A doença não diminui o valor de uma pessoa, não apaga suas qualidades, seus sonhos, suas capacidades. Ela é apenas uma circunstância a ser enfrentada.

Para Lucas, e para todos que se sentem assim, é essencial entender que a vergonha não deve ditar como vivemos nossas vidas. Devemos nos orgulhar de nossa força, de nossa coragem, de nossa capacidade de continuar apesar das dificuldades. Quando nos preocupamos excessivamente com o que os outros pensam, negamos a nós mesmos a oportunidade de ser verdadeiramente autênticos. Vivemos para agradar a um público imaginário, em vez de viver para nós mesmos.

Deixar de lado essa preocupação é libertador e nos permite viver de forma plena, aceitando nossas imperfeições e celebrando nossas vitórias. A vida é curta demais para ser vivida à sombra do julgamento alheio, pois cada um de nós tem um brilho único, uma história singular, e devemos abraçar isso com orgulho, sem medo ou vergonha.

Lucas, assim como qualquer outro, merece viver sem o peso da vergonha e se olhar no espelho de modo a ver mais do que uma doença; ver um jovem forte, resiliente e digno de amor e respeito. Se ele puder aprender a se libertar dessas amarras, descobrirá que a vida tem muito mais a oferecer do que ele jamais imaginou. E enquanto ele não deixar de se preocupar com o que os outros pensam, não terá a oportunidade de viver verdadeiramente.

GRATIDÃO E RECONHECIMENTO

Era uma terça-feira, e a Dona Helena, mãe de Ana, que tratava de um tumor na bexiga apareceu sozinha, carregando várias cestas de chocolates. A filha, que lutava contra um câncer descoberto tardiamente, não havia comparecido à clínica na segunda-feira, e sua ausência começou a gerar estranheza entre os pacientes e a equipe médica.

Eu observava tudo enquanto a dona Helena entrava na sala com seus olhos cheios de uma tristeza serena, mas também de gratidão. Com a ajuda de outros pacientes e acompanhantes, ela distribuiu as cestas de chocolates aos profissionais da radioterapia, cada um recebendo com um sorriso de agradecimento e já entendendo o porquê daquilo tudo.

Helena começou a falar, com voz tremula que sua filha Ana infelizmente já não estava mais no meio de nós. Relatou que ela havia lutado bravamente até o fim, mas partiu no domingo, dois dias após sua última sessão de radioterapia. Apesar da dor imensa que estava sentindo, Helena fez questão de dizer que precisava voltar a clínica para agradecer a todos os profissionais que acompanharam sua filha durante o tratamento.

As palavras de Helena silenciaram a sala, trazendo uma reflexão profunda. Ana era uma jovem de 33 anos, cheia de vida e esperança, mesmo diante de uma doença implacável. Durante seu tratamento, sempre mostrava uma força e uma determinação que inspiravam todos ao seu redor. Ela tinha uma risada contagiante e um sorriso que iluminava a sala, mesmo nos dias mais difíceis.

Helena continuou: "Estas cestas de chocolates não são suficientes para retribuir todo o carinho, dedicação e amor que vocês deram à minha filha, mas é uma pequena maneira de mostrar minha gratidão. Vocês fizeram o possível e o impossível para ajudar Ana, e por isso serei eternamente grata. Minha filha se sentia calma e acolhida por vocês. O suporte emocional de vocês fazia-a mais confiante e esperançosa. Afastava seus medos e incertezas e ela sempre falava muito bem de vocês. Dizia que quando se curasse em definitivo, iria trazer chocolates para todos como forma de gratidão"

Os profissionais ao ouvirem as palavras de Helena, a abraçaram e não se contiveram em lágrimas. Tatiana, que era a chefe da equipe, médica oncologista com uma personalidade carinhosa e afetuosa lamentou e disse um pouco emocionada para todos ouvirem: "A gratidão que vocês tem por nós é a mesma que temos por vocês. Nós aprendemos muito diariamente com vocês e as lições são imensas. Estreitar os laços com nossos pacientes acolhendo-os como se fossem membros de nossa família não é apenas um protocolo que todos devem seguir, mas algo verdadeiramente sincero que parte de dentro da gente. É muito prazeroso dar esperança e lutar com vocês. Nem sempre conseguimos, mas todo o esforço sempre é válido para trazer conforto, esperança e o mais importante: a vitória. "

Após sua fala, inesperadamente dona Helena se dirigiu a mim e me tocou com força onde o som ecoou a vários metros dali dizendo: "Esse som apesar de não marcar o fim do tratamento da minha filha, é um som que quero que todos ouçam como símbolo de esperança. Esse som representa a vida de Ana, de sua pujança e amor à vida. Que ninguém aqui dessa sala tenha medo porque minha filha se foi. Eu afirmo que ela se foi feliz e tranquila e sempre encarou a morte como algo natural. Não tenham medo, persistam e sigam em frente"

Apesar daquele toque ter sido algo atípico para mim, percebi que de uma certa forma ele foi com o objetivo de além de marcar o fim de um tratamento que não se findou por motivos alheios a Ana e sua mãe Helena, era algo encorajador e que mantinha a sua finalidade de recomeço e esperança.

Recordo-me de muitas vezes ver Ana sentada na sala de espera, conversando animadamente com outros pacientes, tentando levantar o ânimo daqueles que estavam tristes ou com medo e sua ausência deixou um vazio enorme.

Helena terminou sua fala com lágrimas escorrendo pelo rosto, mas também com um sorriso de gratidão. "Ana me ensinou muito sobre a importância de valorizar cada momento e ser grato por tudo e todos que encontramos em nossa jornada. E hoje, quero que vocês saibam que a gratidão que sinto é imensa, e que a bondade de vocês não será esquecida. "

Essa história me tocou profundamente, e me fez refletir sobre o poder da gratidão e a importância de reconhecer o trabalho e a dedicação das pessoas ao nosso redor. Mesmo quando os esforços de todos não foram suficientes para salvar a vida de Ana, a empatia e o cuidado que receberam deixaram uma marca indelével no coração de Helena.

A gratidão tem um poder transformador, capaz de trazer paz e consolo mesmo nos momentos de maior dor. E reconhecer o trabalho dos outros, mesmo que não tenha levado ao resultado desejado, é uma forma de honrar a humanidade e a compaixão que todos nós compartilhamos.

Enquanto observava Helena distribuir as cestas de chocolates, compreendi que, às vezes, o maior presente que podemos dar é o reconhecimento sincero e a gratidão por aqueles que caminham ao nosso lado, especialmente em tempos de sofrimento e perda.

O PESO DA INGRATIDÃO

Em um canto da sala de espera, sempre sentado sozinho e com o olhar perdido em pensamentos, estava o senhor Francisco. Ele era um homem de setenta e poucos anos, de aparência cansada e semblante melancólico. Observando-o ao longo dos dias, percebi que sua solidão era um reflexo de algo muito mais profundo do que o simples fato de estar ali sem companhia e enfrentando uma batalha contra a doença. Suas mágoas eram evidentes, e sua história logo se revelou em um desabafo silencioso, dirigido a uma senhora que esperava sua filha na recepção.

Senhor Francisco tinha seis filhos, todos bem-sucedidos, com carreiras estabelecidas e vidas confortáveis. Ele havia dedicado toda sua vida à criação deles, especialmente após a morte trágica de sua esposa em um acidente de carro quando os filhos ainda eram adolescentes. Francisco assumiu sozinho a responsabilidade de cuidar de sua família, trabalhando arduamente para garantir que nada lhes faltasse. Passou suas propriedades e riquezas para os filhos ainda em vida, acreditando que estava assegurando o futuro deles. No entanto, a gratidão que esperava não veio.

Em uma tarde silenciosa, ouvi Francisco conversando com um dos enfermeiros. "Meus filhos demonstravam tanto amor até o momento de receberem os bens. Depois disso, nunca mais se preocuparam comigo. Dizem que estão ocupados, que as carreiras são exigentes. Nem em datas comemorativas me visitam mais. "

Essas palavras pesaram no ar, trazendo à tona a dolorosa realidade da ingratidão. Francisco justificava a ausência dos filhos, tentando encontrar consolo na ideia de que suas vidas eram realmente muito ocupadas. Mas a mágoa era palpável, e o abandono era uma ferida aberta que o acompanhava todos os dias até a clínica.

Refletindo sobre sua história, pensei na importância dos laços familiares e no impacto devastador da ingratidão. Francisco havia dedicado sua vida inteira a criar e sustentar sua família, mas no momento em que mais precisava de apoio, encontrou-se completamente só. A ausência dos filhos não era apenas uma falha moral, mas também um golpe profundo em seu espírito, afetando negativamente seu tratamento e sua vontade de lutar contra a doença.

As prioridades profissionais, por mais importantes que sejam, às vezes podem e devem ser deixadas de lado em prol dos laços familiares. A presença, o cuidado e o amor dos filhos poderiam ter feito uma diferença significativa na vida de Francisco, oferecendo-lhe o conforto e o apoio que ele tanto merecia. Infelizmente, a corrida incessante pelo sucesso muitas vezes nos faz esquecer o valor inestimável das relações humanas, especialmente aquelas que formam o núcleo de nossas vidas.

Senhor Francisco sempre tentava mostrar uma face corajosa, mas a verdade é que a falta de apoio familiar pesava mais do que qualquer outra coisa em sua vida. A ingratidão de seus filhos não só quebrava seu coração, mas também comprometia sua força para enfrentar o câncer. Ele, que havia sido uma rocha para sua família, agora se via frágil e desamparado.

É essencial que não nos esqueçamos da importância de cuidar uns dos outros, especialmente dos membros mais velhos da família, que dedicaram suas vidas ao nosso bem-estar. A presença, a empatia e o apoio emocional são vitais, não apenas em tempos de doença, mas em todos os momentos da vida. A ingratidão é uma ferida que não cicatriza facilmente, e seu impacto pode ser devastador.

Francisco concentrava, e de uma certa forma tentava compensar a ausência de afeto e amor que não vinha dos filhos em Bob, seu vira lata que adotou ainda filhote e que assim como ele, já estava com idade bem avançada. Bob realmente era um ser que definitivamente o amava de todo o seu coração. O amor que um cão pode ter pelo seu dono é uma das manifestações mais puras e sinceras de afeto que a vida nos oferece. Bob é um exemplo vivo desse amor incondicional, pois desde filhote, ele encontrou em Francisco um verdadeiro amigo e protetor. Em troca, Bob oferece uma lealdade sem limites, sempre à espera do momento em que Francisco chegará em casa para recebê-lo com a alegria contagiante de um rabo abanando e olhos brilhantes de felicidade. Bob no fundo torcia pela rápida recuperação de Chico e talvez sentisse sua condição.

Esse laço é tão forte e genuíno que muitas vezes supera a dedicação e o carinho que os filhos têm por seus pais. Em um mundo onde é comum ouvir histórias de filhos que, por diversas razões, abandonam seus pais em momentos de necessidade, o amor de Bob por Francisco se destaca como um contraste gritante. Não importa o dia ou a hora, Bob nunca deixará Francisco se sentir sozinho ou desamparado. Ele está sempre lá, fielmente ao lado do seu dono, pronto para oferecer conforto e companhia.

O vínculo entre Bob e Francisco é um lembrete poderoso de que o amor verdadeiro não precisa de palavras, apenas de presença e devoção. Enquanto muitos filhos esquecem os sacrifícios e o amor que seus pais dedicaram a eles, Bob, com seu coração puro, reconhece e retribui cada gesto de carinho que recebe. Ele não se importa com nada além da felicidade de Francisco, e essa sinceridade é um bálsamo para qualquer coração.

Em momentos de dificuldade, Bob está lá para lamber as lágrimas de Francisco, oferecer uma pata amiga e deitar-se ao seu lado, trazendo um conforto que palavras humanas muitas vezes não conseguem transmitir. Esse amor, livre de interesses e completamente altruísta, é uma lição de vida sobre a verdadeira natureza do afeto e a importância de valorizar aqueles que nos amam de maneira tão incondicional.

Conforme os dias passavam, Francisco continuava vindo sozinho para seus tratamentos. Cada toque no sino era uma lembrança de sua história e uma reflexão sobre o verdadeiro valor das relações familiares. Que nunca nos esqueçamos de cuidar daqueles que nos cuidaram e que a gratidão seja sempre uma parte fundamental de nossas vidas.

A BELEZA DA JORNADA

A vida é um percurso repleto de desafios e, entre eles, o tratamento oncológico é, sem dúvida, um dos mais árduos. Enfrentar o câncer requer uma força descomunal, uma resiliência que transcende o físico e toca o âmago da nossa existência. Jamais desistir desse tratamento é um ato de coragem inabalável, uma manifestação de fé em si mesmo e na vida. Superar os medos que nos assombram durante essa jornada é essencial, pois cada pequeno passo rumo à recuperação é uma vitória, um testemunho do nosso espírito indomável.

No caminho, imprevistos podem surgir e há dias de desânimo, de dores intensas e de notícias difíceis de digerir, mas é precisamente nesses momentos que a resiliência se torna nossa maior aliada. Ter fé e esperança não é apenas acreditar em um final feliz, mas sim confiar no processo, na capacidade humana de se adaptar e encontrar forças onde antes parecia não haver nenhuma. A paciência se revela uma virtude fundamental, ensinando-nos a viver cada momento com serenidade, sem pressas ou ansiedades desnecessárias.

Apesar de todos os esforços, sabemos que nem todos conseguem vencer a batalha contra o câncer. Algumas vidas se encerram antes do esperado, mas isso não diminui a importância da jornada. O que realmente importa é a maneira como vivemos nossos dias, como enfrentamos nossos desafios e como cultivamos a esperança, mesmo diante da adversidade. Cada dia vivido com coragem e gratidão é um dia vitorioso, independentemente do desfecho final.

A relação com outras pessoas que compartilham dessa caminhada pode ser um dos aspectos mais valiosos do tratamento. No convívio diário, nas salas de espera e nos momentos de terapia, surgem grandes e verdadeiras amizades. Essas conexões nos ensinam a importância do apoio mútuo, da solidariedade e do amor ao próximo. Aprendemos a valorizar as pequenas coisas – um sorriso, uma palavra de incentivo, um abraço apertado – e descobrimos que, muitas vezes, a doença pode nos ensinar a ver a vida com outros olhos.

O câncer nos força a desacelerar e a prestar atenção às coisas simples que antes passavam despercebidas. Uma brisa suave, o canto dos pássaros, o calor do sol na pele – tudo ganha um novo significado. Percebemos que a beleza da vida não está nos bens materiais, no dinheiro ou nas posses, mas nos sentimentos mais puros e genuínos como o afeto, o amor e o carinho. Cada pequeno gesto de bondade se torna uma preciosidade, cada momento de paz um tesouro.

Enfrentar o câncer é uma jornada profundamente pessoal, na qual cada um de nós deve reconhecer seus próprios limites, medos, forças e fraquezas. A autoaceitação e a autocompreensão são fundamentais, pois somente conhecendo a nós mesmos podemos encontrar a melhor maneira de lidar com a adversidade. A vida é uma questão de perspectiva – podemos escolher encará-la com pessimismo, otimismo ou realismo. Essa escolha define como vivemos nossos dias e como enfrentamos nossos desafios.

No final, a lição mais valiosa que o câncer pode nos ensinar é a de valorizar a vida em sua essência, pois aprendemos a ser pessoas diferentes, mais leves e menos propensas a nos incomodar com trivialidades. Descobrimos que a verdadeira riqueza está nas relações que cultivamos, na fé que nos sustenta e na esperança que nos impulsiona. E, acima de tudo, percebemos que a beleza da vida está nos pequenos momentos, nos sentimentos mais simples e na capacidade humana de amar e ser amado.

Espero que este livro tenha de alguma forma te levado a refletir sobre os desafios que as vezes nos surgem após recebermos a notícia de um diagnóstico que no começo pode parecer assustador, mas que com o passar do tempo acabamos percebendo que a gravidade dessa condição muitas vezes depende mais da nossa consciência e da maneira que escolhemos enfrenta-la do que necessariamente do diagnóstico em si. E não se trata de minimizar um problema que surge, mas de termos a sabedoria de lidar com isso de maneira leve, sábia e com resiliência.